천국을 향한 기다림

Waiting For Heaven
by Larry Crabb

Copyright ⓒ 2020 by Larry Crabb

Originally published in English under the title *Waiting for Heaven* by Larger Story Press, Frisco, CO, USA.

This Korean edition is translated and used by permission of Larry Crabb through arrangement of rMaeng2, Seoul, Republic of Korea.
This Korean Edition Copyright ⓒ 2022 by Viator Inc., Seoul, Republic of Korea.

이 한국어판의 저작권은 알맹2를 통하여 Larry Crabb과 독점 계약한 비아토르에 있습니다.
신 저작권법에 의해 한국 내에서 보호를 받는 저작물이므로 무단전재와 무단복제를 금합니다.

Waiting for Heaven

천국을 향한 기다림
: 잊혀진 그리스도인의 소망

래리 크랩
이은진 옮김

일러두기

- 본문에 인용한 성경 본문은 대한성서공회에서 펴낸 새번역판을 따랐다. 복있는 사람에서 번역·출간한 유진 피터슨의 《메시지》를 인용한 경우나 개역개정판을 인용한 경우 따로 표기했다.
- 저자가 본문에서 인용하거나 언급한 문헌에 관한 출처는 미주로, 본문에 사용된 용어에 관한 역자의 간략한 설명은 각주로 처리했다.

그리스도 안에서 우리가 바라는 것이 이 세상에만 해당되는 것이라면, 우리는 모든 사람 가운데서 가장 불쌍한 사람일 것입니다. _고린도전서 15장 19절

차례

서문	8
프롤로그	12
들어가는 말: 한번 빠지면 헤어 나올 수 없는 모래 늪	18
우화	26

1부 기다림이 의미가 있을까

1. 자아 중독과 조급증	36
2. 바울의 경험	50
3. 세 부류의 그리스도인	55
4. 모세의 소명	66
5. 모세가 거절한 것	84
6. 모세가 선택한 것	96

2부 기다림이 가능하긴 한 걸까

7. 중독의 근본 원인   114

8. 착한 개와 나쁜 개   120

9. 영혼 깊은 곳의 갈증   126

10. 복음 한가운데로   134

11. 성령께서 내 안에서 일하실 때   145

3부 기다림에는 어떤 힘이 있을까

12. 진리 안에서 살아가려면   158

13. 선택할 자유, 선택할 힘   167

14. 좁은 길을 걷는 이들에게   182

15. 나의 이야기, 그분의 이야기   196

나가는 말: 왜 천국을 기다려야 하는가,
            나는 지금 여기 살고 있는데   212

감사의 말   218

주   221

서문

내가 가서 너희가 있을 곳을 마련하면, 다시 와서 너희를 나에게로 데려다가, 내가 있는 곳에 너희도 함께 있게 하겠다(요 14:3).

아버지가 여러 해 동안 붙잡고 씨름하시던 질문이 몇 가지 있었다. 그중에서도 가장 깊이 고민하셨던 질문은 바로 이것이었다.

"사람들이 정말로 변할까? 어떻게?"

내 아버지이자 임상심리학자였던 래리 크랩 박사는 말 그대로 삶의 벼랑 끝에 선 사람들을 상담했다. 오늘날 우리 중 많은 이가 겪어 보았고, 어쩌면 지금 겪고 있을지 모를 시련과 난관, 유혹과 중독에 맞서 씨름하다가 이제 더는 돌아갈 곳이 없다고 느끼는 사람들을 직접 만났다.

정말로 사람들을 변하게 하는 것은 무엇일까? 아버지는 필라델피아 외곽 저먼타운에서 살던 어린 시절, 집 뒤쪽 풀이 무성한 들판에 누워 구름을 바라보며 '하늘나라는 과연 어떤 모습일까?' 생각하던 때를 회상하곤 했다. 어린 나이였지만, 소년은 자기보다 더 큰 존재를 인식하고 있었다.

그 인식은 훗날 그에게 다른 질문을 안겨 주었다.

"하늘나라가 정말 있을까, 있다면 어떤 모습일까? 우리는 왜 하늘나라에 대해 더 자주 생각하지 않을까?"

아버지는 이런 질문을 스스로 던지곤 했다. 우리는 가족 또는 친구가 죽었을 때나 하늘나라를 떠올리고 그곳에 대해 잠시 생각한다. 그러나 그런 생각과 기분은 시간이 흐르면서 흐릿해지게 마련이다. 그렇게 삶은 계속된다. 일상을 살면서 하늘나라를 마음 맨 앞자리에 두고 살려면 어떻게 해야 할까?

래리 크랩 박사는 우리가 하나님이 말씀하시는 '웅대한 이야기'(그리스도의 십자가 사건과 그분의 재림 사이에 초점을 맞춘)를 정말로 안다면, 지금처럼 이 세상과 우리의 소소한 이야기(우리의 출생과 사망 사이에 벌어지는)에 매력이나 유혹을 느끼고 거기에 정신이 팔리지는 않을 것이라고 생각했다.

사실, 우리에게는 이 땅 위에 영원한 도시가 없고, 우리는 장차 올 도시를 찾고 있습니다(히 13:14).

아버지와 함께 책 출간을 준비하면서, 나는 어느샌가 하늘나라를 마음 맨 앞자리에 두는 날이 많아졌다는 사실을 문득 깨달았다. 일상을 살아 내는 동안 하늘나라가 서서히 마음에 자리를 잡아 갔다. 그러면서 약간의 변화를 경험했다. 가족, 친구, 심지어 처음 보는 사람과도 이전과는 다르게 교류하기 시작했다. 이 세상과 나의 '소소한' 이야기는 덜 중요하게 생각하고, 하늘나라와 하나님의 '웅대한' 이야기를 마음 중심에 두려고 노력했더니, 기쁨이 커지고 깊어지는 게 느껴졌다.

친구 여러분, 이 세상은 여러분의 본향이 아닙니다. 그러니 이 세상에서 여러분의 안락함을 구하지 마십시오. 자기 욕망을 채우려다가 영혼을 희생하는 일이 없게 하십시오(벧전 2:11, 메시지).

"하나님은 우리가 삶을 계속 살아 내게 하시려고 이따금 우리로 하늘나라를 살짝 엿보게 하신단다"라고, 할아버지는 종종 말씀하셨다. 부디, 독자들이 이 책을 읽으며 '하늘나라를 살짝 엿보길' 소망하고 기도한다. 만물이 새로워질 그날, 모두 함께 주님을 경배할 하늘나라, 예수와 함께할 영원한 그곳, 장차 다가올 도성에 시선을 고정하길 기도한다.

그러나 성경에 기록한 바 "눈으로 보지 못하고 귀로 듣지 못한 것들, 사람의 마음에 떠오르지 않은 것들을, 하나님께서는 자기를 사랑하는 사람들에게 마련해 주셨다" 한 것과 같습니다(고전 2:9).

_켑 크랩

프롤로그

주님이 약속하신 하늘나라의 기쁨을 기다릴 생각이 전혀 없는 그리스도인은 격렬하게 치솟는 욕망을 '지금 당장' 충족시켜 행복을 만끽하는 일에 중독되어 있다. 그들은 지독할 정도로 '자기 자신'에게 중독되어 있고, 그래서 자신이 갈망해 마지않는 행복감을 주겠다고 손짓하는 유혹에 저항할 힘이 없다.

그 결과, 아래와 같은 것에 중독된다.

- **약물**: 합법과 불법을 막론한 약물 중독.
- **음식**: 음식에 대한 강박적 욕구.
- **섹스**: 합법적·불법적 성관계, 성도착적 욕구 표출.
- **돈**: 돈으로 살 수 있는 쾌락, 편리함, 권력에 대한 욕망.
- **영향력**: 상황(사람)을 변화시켜 만족을 얻으려는 욕구.
- **인정**: 중요한 사람으로 대우받고 존중받으려는 욕구.

필사적으로 '만족'을 갈망하는 영혼이 중독되는 대상은 이 밖에도 수십 가지가 있다.

두 가지 질문

우리를 쥐고 흔드는 유혹의 마수에서 벗어날 의지와 힘을 기독교 신앙에서 찾아낼 수 있을까? 이 책 1부에서는 이 질문에 대한 답을 찾아 방향을 제시하려 한다.

모든 중독의 뿌리가 되는 '자기중심성自己中心性'˙이라는 죄와 싸워 이긴다면, 그 모습은 과연 어떨까? 2부에서는 이 질문에 대한 답을 찾아볼 생각이다.

이 질문은 이렇게도 바꿀 수 있다. 예수를 만나 완전한 승리를 얻기 전까지 실질적으로 우리가 얻을 수 있는 승리는 어떤 것이 있을까? 3부에서는 우리가 천국에서 완전한 자유를 얻기 전까지 승리의 순간을 늘려 가는 길을 간략히 설명하려 한다.

"하나님께서는, 우리가 그를 앎으로 말미암아 생명과 경건에 이르게 하는 모든 것을, 그의 권능으로 우리에게 주

• 남을 의식하지 않고 자기를 중심으로 사물을 받아들이는 성질, 또는 모든 것을 자기 생각이나 감정에 따라 이해하고 판단하려는 사고 형태.

셨습니다"(벧후 1:3).

관계적 죄에서 관계적 거룩으로

'중독'이라는 단어를 들으면 우리는 곧장 약물 중독, 알코올 중독, 섹스 중독을 떠올린다. 이런 중독은 무척 현실적이고 너무도 흔하다. 그래도 다행히, 모두가 이런 흔한 문제로 씨름하는 건 아니다. 근소한 차이이겠지만, 우리 중 다수는 의사가 처방해 준 약만 먹고, 텔레비전 앞에 앉아 경기를 보면서 가끔 포도주나 맥주 한 잔 정도 마시는 게 전부고, 성생활도 도덕적 경계선을 넘지 않는 한도에서 즐긴다. 이 정도면 꽤 괜찮다.

그런데 좋지 않은 소식이 있다. 우리가 흔히 생각하는 이런 중독 외에 **또 다른 중독**이 존재한다는 점이다. 정도의 차이가 있을 뿐, 이 중독은 아담과 하와 이후 단 한 분을 제외하고 사실상 모든 인간에게 은밀하게 작용해 왔으나 알아채기가 쉽지 않다. 에덴동산 이후, 역사 이래 우리 각 사람은 '나'의 행복을 만끽하며 살겠다는 완강한 의지를 안고 이 세상에 태어난다. 그리고는 부인할 수도 억누를 수도 없는 욕망을 채우고자 무언가를 도모하는 일에 중독된 채 살아간다.

이 중독이 어떻게 작용하는지 이해하고 알아채려면, 우리 인간이 관계 속에 계신 삼위 하나님의 형상을 따라 창조된 '관계적 존재'라는 사실을 기억해야 한다. 따라서 우리가 혼자서는 손에 넣을 수 없는 만족을 관계를 통해 얻고자 애쓰는 건 자연스러운 일이고, 잘못된 행동이 아니다. 하지만 문제가 있다. 관계를 갈망하는 우리 영혼은 원하는 만족을 얻기 위해 하나님을 찾는 대신, 하나님이 허락하신 다른 관계에서 만족을 얻고자 열중한다. 결국, 우리는 삶에서 핵심이 되는 만족을 얻고자 '오히려' 하나님에게서 멀어진다. 그리하여 이제는 다른 사람들과 맺은 관계에서 만족을 얻기를 기대하고, 실제로 만족감을 느끼기도 한다. 그러나 이 관계가 순탄할 리 있겠는가. 파산 직전인 두 사람이 서로 돈을 꾸려다 결국 같이 파산하는 꼴이다.

그리하여 우리는 다음과 같은 교훈을 얻는다.

- 다른 사람에게 상처받지 않도록 **나를 지켜야 해**.
- 나에 대한 좋은 이미지를 강화할 만한 것을 **타인에게서 얻어 내야 해**.
- 계속 좋은 인상을 남기도록 **내 이미지를 잘 지켜야 해**.

그 결과는 무엇일까? 예수께서 우리를 사랑하신 것처럼 다른 사람들을 사랑하지 못하는 **관계적 죄**에 빠지고 만다. 이 죄는 모든 인간이 보편적으로 빠져드는 중독이자 유행병이다. 관계적 죄는 상처받지 않으려는 자기방어 본능, 쉽게 위협받는 자존감을 타인을 통해 강화하려는 자기평가自己評價* 습성, 더 이상 손상되지 않게 자기 이미지를 지키려는 자기보호 본능 등 '자기중심성'과 관련이 깊다. 관계적 죄는 야고보가 우리에게 경고한 싸움과 분쟁과 시기의 씨앗을 뿌린다(약 4:1-3). 그러면 가정, 공동체, 교회, 국가, 그리고 이 세상에 '관계적 빈곤'이 자라난다.

내가 이 책을 쓰는 주된 목적은 '관계적 죄'에서 벗어나 '관계적 거룩'으로 나아가도록 독자들을 격려하기 위해서다. 하나님 그리고 다른 사람들과 올바른 관계를 맺음으로써 하나님께 기쁨이 되고, 하나님을 경배하고, 다른 사람들을 세우는 일에 헌신하는, 포용력 있고 생기 넘치는 삶으로 나아가도록 격려하기 위해서다.

관계에 대한 갈망이 오롯이 채워질 하늘나라를 바라보면(그러면 정말로 하나님과 다른 이들을 온전히 사랑하게 될 것이다), 약물과 알코올과 섹스에 대한 중독에 더 세차게 대항할 힘을 얻을 수 있

---

* 다른 사람과 비교하여 자신의 개성을 평가하는 일.

다. 또한 지금 당장은 손에 쥘 수 없는 기쁨을 안겨 줄 하늘나라를 바라보면, 치유하기 어려운 관계 중독도 치유책을 발견할 수 있고, 날로 강도가 세지는 자기 중독을 극복하고 '관계적 빈곤'에서 벗어나 '관계적 부富'에 이를 수 있다. 그때 비로소 우리는 예수를 올바로 더 많이 사랑하게 될 것이고, 그 여정에서 기쁨을 발견하게 될 것이다.

 이제 관심이 좀 생기는가?

 그럼, 본격적으로 시작해 보자.

들어가는 말

한번 빠지면 헤어 나올 수 없는 모래 늪

1988년에 《영적 가면을 벗어라 *Inside Out*》라는 책을 썼다. 첫 구절은 다음과 같이 시작한다.

> 오늘날의 기독교는 성경의 메시지를 완전히 뒤집어, 타락한 세상에서 살아가는 고통을 덜어 주겠노라고 약속한다. 이런저런 규칙을 정해 놓고 규칙에 맞춰 살라고 요구하는 근본주의자들이든, 성령의 능력에 자신을 온전히 내어 맡기라고 촉구하는 은사주의자들이든, 전하는 메시지는 엇비슷할 때가 많다. "하나님이 약속하신 지복至福을 '지금 당장' 누리십시오! 하늘나라에 이르기 전, 이 땅에서 완전한 만족을 누릴 수 있습니다."[1]

설령, 이 단락을 오늘 다시 쓴다고 해도, 단어 하나도 고칠 생각이 없지만, 한두 문장을 추가할 수는 있을 것 같다. 이를테면, 큰따옴표 안에 다음과 같은 문장을 덧붙여 마무리하는 것도 생각해 봄 직하다.

> 마음 밑바닥에 자리한 욕망이 충족될 날을 애써 기다릴 필요 없습니다. 이 세상에서도 충분히 가능하니까요.

장담하건대, 이는 20세기가 끝나갈 무렵 기독교에 심한 흉터를 남긴 깊은 상처를 더 곪게 했을 법한 말이다.

《영적 가면을 벗어라》를 쓸 때 직시했던 상처가 30여 년이 지난 지금도 여전히 아물지 않고 선연히 떠오르는 듯해 두렵다. 현 복음주의 문화에서 '기독교'로 통하는 것들 가운데는 성경과 사뭇 다르게 변형된 모습으로 우리 곁에 남아 있는 것들이 너무도 많다. 이제 사람들은 "예수를 따른다"라는 말의 의미를 왜곡하여 그릇된 암시를 주는 그럴듯한 가르침에 더 깊이 빠져들고 있다. 얼핏 매력적으로 보이는 이런 가르침은 한 번 빠지면 헤어 나올 수 없는 모래 늪과 같다.

그래서 나는 오늘날 더 시급해 보이는 문제를 강조하는 단락으로 이 책을 시작하고자 한다. 전작의 서두보다 조금 더 긴데, 이는 지금 우리가 전보다 훨씬 더 심각하게 궤도에서 이탈

했기 때문이다.

요즘 기독교는 하나님을 이용해 현재의 삶이 잘 굴러가게 하는 데 초점을 맞추느라, 예수께서 '모든 것을 새롭게 하러' 다시 오시길 간절히 기다릴 열정을 잃어버렸다. 요즘 기독교는 하나님의 은혜로 현재의 삶을 순탄하게 만들 수 있는데, 왜 굳이 그때를 기다려야 하느냐고 묻는다. "성자 예수께서 성부 하나님 오른편에 앉아 계신 동안, 성령을 시켜 '예수 따르미'들이 행복을 만끽할 수 있게 주변 환경을 바꾸어 달라"고 기도할 수 있는데, 왜 기다려야 하느냐고 말이다.

그리하여 요즘 기독교는 굳이 슬퍼하고 가슴 아파하지 않아도 되는 환경을 제 손으로 만들었다. 주일 아침이면, 많은 교회가 어김없이 '긍정적인 말'을 건네고 손뼉 치면서 찬송을 부르며 사람들을 흥분시켜 예배 분위기를 한껏 끌어 올린다. 요즘 기독교에는 위험할 만큼 그릇된 생각이 미묘하되 깊게 배어 있다. "바르게 사랑할 힘과 기쁨을 경험할 기회는 전부 '순조로운 환경'에 달려 있다"고 생각한다. "하나님은 우리에게 풍성한 삶을 약속하셨다! 그것이 곧 '순조로운 환경'이 아니고 무엇이겠냐?"고 요즘 기독교는 되잡아묻는다. 그러다 보니 그리스도를 닮아 가도록 우리를 빚어 가시는 성령의 역할은 아예 사라지거나 아주 작게 축소되고 만다. 요즘 기독교는 우리가 스스로 진리를 깨닫고 성숙해졌다고 착각하게끔 자기기만을 퍼뜨린다. 혹시 이것이 우리 안에 널리 퍼진 '자아 중독'에 우리가 어느새 순응해 버린 결과는 아닐까?

전작에서 한 단락이었던 서두가 이번에는 두 단락으로 늘었다. 많은 강단에서 선포되고 많은 책에 쓰인 솔깃한 메시지의 실체를 직시하려면 어느 단락도 포기할 수 없다. 요즘 강단과 책에서 퍼뜨리는 메시지를 요약하자면 이렇다.

우리가 갈망하는 '기쁨과 자유'를 맛보기 위해 굳이 하늘나라를 기다릴 필요 없습니다. 우리가 바라 마지않는 것을 '지금' 충분히 손에 넣을 수 있으니, 이제는 하나님에게 충실하고 사람들에게 도움이 되기 위해 공들일 필요 없습니다. 하나님이 축복하신 유쾌한 삶 속에서 쉬이 얻을 수 있으니까요.

우리 문화는 본질에 속한 규율들을 마다하고 '가벼운 기독교'를 선택했다. 가벼운 기독교는 우리 안에 있는 추한 것들과 우리가 타인에게 끼치는 영향을 파헤치는 엄격한 '자기 성찰'을 포기한 종교다. 자기 성찰은 우리를 회개의 기쁨으로 인도하고, 그리하여 자기만 생각하던 삶에서 타인을 생각하는 겸손한 삶으로 나아가게 한다. 우리는 구제 불능에 가까울 정도로 우리 자신에게 중독되어, 우리가 느끼는 행복감을 최우선으로 생각하며 살 때가 너무도 많다. 그러면서도 스스로 그리스도인다운 삶을 살고 있다고 믿는다. 예수께서도 우리의 행복을 최우선으로 여기신다고 생각하기 때문이다. 가벼운 기독교는 '모조 기독교', 바울이 우리에게 엄중히 경고했던 '다른 복음'이 되어 버렸다(갈 1:6).

자신의 행복을 중심에 둔 이런 생각은 여러 결과를 불러오고, 각각의 결과는 그리스도의 대의에 해를 끼친다. 그중에 내가 가장 중요하다고 생각하는 결과는 바로 '중독'이다. 하늘나라에서 완전한 만족을 얻을 때까지 기다리지 않으려는 태도는 중독, 즉 고통을 멎게 하는 기쁨을 이 땅에서 당장 누리려는 강박적 욕구를 낳는다. 중독은 당연히 '자기중심' 본성에 힘을 실어서 우리 영혼을 더럽힌다. 우리는 '자기중심성'을 끔찍한 죄라고 여기지 않고 정당한 것으로 받아들인다. 이 땅에서 행복을 누리려면 자기중심성이 필요하다고 생각하기 때문이다. 우리는 근심과 두려움을 모두 잠재울 강렬한 쾌락을 잠깐이라도 맛보아야 한다고 주장한다. 그리고는 부처처럼 모든 번뇌의 얽매임에서 벗어난 평화로움, 즉 열반의 경지에 이르는 경험을 연이어 짧게 반복하는 생활 방식을 추구한다. 그러다 '자아 중독'이라는 가장 치명적이고 보편적인 중독에서 싹을 틔운 갖가지 중독에 자기 삶을 내주고 만다. 그리하여 그리스도의 대의를 좇는 데 필요한 열정과 동기는 천대하기 일쑤다.

씁쓸한 소식이다. 그래도 다행히 좋은 소식도 있다. 성경적 기독교에 따르면, 이 모래 늪에서 벗어날 방법이 있다. 바로 '기다림'이다! 그런데 우리가 가장 갈망하는 경험을 선물해줄 '하늘나라'를 기다리는 삶의 태도는 이제 인기가 없다. 하지만 갖가지 중독 밑에 깊게 뿌리 내린 욕망을 다스리려면 주님의 재림을 간절히 기다리는 법을 배워야 한다. 그런데 솔직히 나는 지금, 내가 진실이라고 믿는 바를 이야기하면서도 마음이 편치 않아 자꾸 머뭇거리고 있다. 기다림이란 본디 말하기는 쉬워도 행하기는 어렵기 때문이다. 우리 안에서 꿈틀대는 욕망은 지금 당장 해갈시켜 달라고 보챈다. 게다가 칭얼거리는 욕망을 잠재울 방안이 전혀 없는 것도 아니다. 비록 그것이 일시적인 모조품이긴 해도.

소중한 사람을 잃고 슬픔에 빠졌을 때나, 일이 어그러져 낙담 될 때, 부당한 대우를 받아 억울하고 분할 때, 그리고 삶에 지칠 대로 지쳤을 때는 '기다리는 일'이 훨씬 더 어려워지고 허황해 보이기까지 한다. 그러면 당장 괴로움을 잊게 해 줄 쾌락에 손을 뻗으라는 유혹이 몹시 거세진다. 어서 쾌락을 즐기라며, 죄가 우리에게 다정하게 손짓한다.

어떤 역경이 닥치든 고통을 없애 주겠다는 은밀한 유혹에 무릎 꿇지 않고, 하늘나라에서 온전히 맛보게 될 만족을 오롯이 기대하려면, 무엇이 필요한지 알아보고자 나는 지금 이 책을 쓰고 있다. 이를 위해 다른 기독교 서적을 읽거나, 기독교 심리학을 공부하거나, 이 질문에 답하는 데 도움이 될 법한 기독교 사상을 일일이 분석하지는 않았다. 대신, 한 가지 사실을 잊지 않으려고 노력했다. 유혹에 맞서 씨름할 필요가 없게 해 주거나, 더는 실패하지 않도록 확실하게 보장해 주는 길 따위는 없다는 사실이다. 우리가 빠져 있는 중독은 하늘나라가 임하기 전에는 치료할 수 없지만, 이 땅에서 사는 동안 중독으로부터 조금 더 자유로워질 수는 있다.

나는 우리의 영적 생명을 쏟아부으며 다른 이들과 의미 있게 함께할 수 있을 정도로 '중독을 이겨 낼 길'이 있다고 믿는다. 물론 그 길은 성경에 뿌리를 두고, 성령의 인도를 받고, 그리스도에게 의지하며, 하나님 아버지를 영화롭게 하는 길이다.

그 길을 발견하리라는 기대로 나는 지금 몹시 흥분된다. 덕분에 이 책을 쓰는 일이 신나는 영적 모험으로 바뀌었다. 앞에서 인용한 성경 구절을 생각하니, 더욱더 가슴이 뛴다.

> 하나님께서는, 우리가 그를 앎으로 말미암아 생명과 경건에 이르게 하는 모든 것을, 그의 권능으로 우리에게 주셨습니다(벧후 1:3).

경건한 삶은 중독에 지배당하지 않는 삶이다.

우화

한 남자가 있었다. 착하고 꽤 괜찮은 그리스도인이었다. 그리스도인이냐 아니냐를 떠나, 모든 남자가 그렇듯 그는 존경에 목말라했다. 지극히 개인적인 의문이 그를 괴롭혔다. "나는 주목받을 만한 사람인가?" "나는 중요한 사람인가?" 그는 사람들이 자기를 알아주길 바랐다. 사람들에게 널리 알려져 존경받길 갈구했다. 이런 욕망은 진지하고 강렬했다.

그러나 한편으로는 속속들이 알려질까 두렵기도 했다. "사람들이 나를 속속들이 알게 되면, 저들은 필시 나에게 정이 뚝 떨어질 테지. 나를 혐오스러워하는 눈빛을 보면 수치감이 몰려오겠지"라는 걱정 때문이었다.

그런데도 그는 불가능한 일을 갈구했다. 자기에게 다가와 절대 뒷걸음치지 않을 누군가에게 속속들이 알려지기를 바랐다. 그런데 이런 불가능한 꿈은 대체 왜 꾸는 걸까? 자신감 넘치고 강인해 보이는 겉모습과 허세, 사람들을 향한 관심과 연민 뒤에 숨는 게 훨씬 더 나을 텐데 말이다. 그게 무엇이든, 스스로, 또 가끔은 다른 사람들에게서 얻을 수 있는 만족을 좇는 게 훨씬 더 낫지 않을까. 가시지 않는 갈증으로 인한 공허함과 견딜 수 없는 아픔을 덜어 줄 수만 있다면, 그게 무엇이든 그걸 좇는 게 백배 낫지 않겠냐는 말이다.

   그 무엇도 그가 갈구하던 위안을 주지 못했지만, 포르노는 확실히 효과가 있었다. "혹시 성에 중독된 건 아닐까?" 그럴지도 모른다는 생각이 그를 괴롭혔다. 그러나 양심의 가책에 재갈을 물리는 법을 그는 알고 있었다. 어떻게든 일단 갈증을 해소해야 할 것 같았고, 그러니 괜찮다고 자신의 행동을 정당화했다. 채워지지 않는 욕망에서 비롯된 공허함에 지칠 대로 지쳐서 도저히 견딜 수 없었기 때문이다.

* * *

   한 여자가 있었다. 다정하고 꽤 괜찮은 그리스도인이었다. 그리스도인이냐 아니냐를 떠나, 모든 여자가 그렇듯 그녀는 주목받기를 갈구했다. 지극히 개인적인 의문이 그녀를 괴롭혔다. "사람들 눈에 띌 만큼 내 모습이 여전히 매력적인가?" "지금 나는 주목받을 만한가?" 그녀는 주목받기를, 이제 제발 좀 사람들 눈에 띄기를, 자신의 진가를 인정받기를 갈구했다. 이런 욕망은 진지하고 강렬했다.

그러나 한편으로는 속속들이 알려질까 두렵기도 했다. "내 면을 꿰뚫는 사람들의 시선이 내 안에 깃든 아름다움을 드러내 줄까? 인생의 동반자를 만나 풍요롭고 목적 있는 삶을 살기를 갈구하는 누군가가 내 '영혼'에 깃든 아름다움을 발견하고, 매력을 느끼고, 귀하게 여겨 줄까? 내 영혼을 속속들이 들여다본 누군가가 나를 멀리하려 하면, 모멸감을 견디지 못하고 자기 비하에 빠지지는 않을까?" 하는 걱정 때문이었다.

그런데도 그녀는 어쩌지 못하고 불가능한 일을 계속 갈구했다. 있는 모습 그대로를 기대하고 정중한 태도로 다가온 누군가가 자신을 충분히 오래 보아 주기를 바라고 또 바랐다. 그러나 불가능한 꿈을 꾸면 외로움이 깊어지고, 외로움은 다시 공허함으로 이어질 위험이 있다. 그럴 바에는 차라리 겉모습 뒤에 숨는 게 훨씬 더 낫지 않을까. 상냥하고 붙임성 있는 태도와 아름다운 외모, 착실한 겉모양과 직업적 성취 등등. 채워지지 않는 욕망에서 비롯된 고통스러운 공허함과 해소되지 않는 갈증으로 부글부글 끓는 속을 가라앉힐 수만 있다면, 그게 무엇이든 무슨 상관이랴.

강도가 약한 욕망을 달랬는데도 도무지 가실 줄 모르고 갈증이 계속될 때는 의도적으로 성적 매력을 표출하면 '진정한 만족'과 꼭 닮은 무언가를 얻을 수 있지 않을까? 그런데 정말 그렇게까지 비굴해져야 할까? 그런 행동은 남아 있는 자존감을 모조리 박살 내고 말 텐데. 그러나 그녀에게 다른 선택지는 없었다. 고통스러운 아픔에서 비롯된 공허함과 풀리지 않는 갈증으로 지칠 대로 지쳐서 도저히 견딜 수 없었기 때문이다.

* * *

남자와 여자는 난데없이 어떤 음성을 들었다. 그것은 마치 하늘에서 들려오는 소리 같았다.

> 마음속 아픔과 영혼의 갈증에 맞서 계속 싸워야 할지 모른다. 아픔과 갈증은 견딜 수 없을 만큼 심해질 거야. 그러면 너는 아픔을 가라앉히고 갈증을 풀어 주겠다는 유혹을 받아들이고 굴복하겠지. 하지만 네가 알았으면 좋겠다. 어떤 상황에서도 너를 향한 내 사랑은 절대 줄어들지 않으리란 걸.
> 하지만 내 사랑 안에서 쉬는 자유를 너는 이해하지 못

할 거야. 삶의 환상만을 좇는 지금의 여정을 계속하면, 네 영혼은 움츠러들 테니까. 사랑할 힘과 열정, 결심이 점점 약해져서 주변 사람들을 밀어내고 오직 너만 생각하는 '자기중심성'이라는 악에 오염될 테니까.

네가 정말 바라는 사람이 되려면, 내가 영원 전에 썼고 지금 이 타락한 세상에서 풀어내고 있는 '웅대한 이야기'를 전하는 사람이 되려면, 너 자신보다 이웃을 더더욱 사랑할 힘을 키우려면, 너의 아픔이 완전히 사라지고 너의 갈증이 영원히 완전하게 해소될 때 '앞에 있는' 대망의 기쁨에 소망의 닻을 내리려면, 지금은 기꺼이 갈증 속에서 살아야 한단다.

그래야만 욕망에 내둘릴 때 '훗날 아픔은 잊히고 갈증은 풀릴 거라던 내 약속'을 내팽개치고 지금 당장 그렇게 해 달라고 보채는 중독에 맞서 싸울 힘이 뭔지 알게 돼. 중독성 강한 욕망에 굴복하는 건 너의 아픔을 감추고 갈증을 둔하게 만들 뿐이란다.

싸움은 현실이야. 중독성 있는 욕구를 참는 건 쉽지 않을 거야. 실패하겠지. 하지만 사랑으로 충만한 은혜의 기쁨이 곧 찾아올 거야. 저기 보렴, 해가 떠오르고 있구나.

　　　　　　　　　＊　＊　＊

　남자는 그 음성을 듣고, 실패를 피할 수 없다는 사실에 체념한 듯 수치심에 고개를 푹 떨구었다. 그리고는 자기가 들은 말을 무시했다. 남자는 자기 가슴속 아픔을 기독교가 마땅히 제거해야 할 병으로 여겼다. 자기 영혼 안에 있는 갈증을 '기쁨의 적'으로 삼고 계속 맞서 싸웠다. 갈증을 해소하는 데 필요한 것은 그게 무엇이든 정당해 보였다. 가실 줄 모르는 갈증과 아픔 없이 살아가는 데 꼭 필요한 것처럼 느껴졌다. 그는 '갈증 속에서 살아가길' 거부했다. 말도 안 되는 소리라 여겼다.

　　　　　　　　　＊　＊　＊

　여자는 같은 음성을 듣고, 애통해하고 뉘우치며 고개를 떨구었다. 그리고 자유를 맛보며 음성이 불러일으킨 희망에 잠겼다. "가슴을 찌르는 아픔과 채워지지 않는 갈증에 허덕이지 않고 지금 당장 행복을 누릴 자격이 내게 있다"라는 생각에 더는 매달리지 않았다. 눈을 부릅뜨고 계속되는 가슴속 아픔과 가시지 않는 갈증으로 지친 몸과 마음을 다잡고 전장으로 나갔다. 아픔을 가라앉히고 갈증을 풀어 주겠다고 손짓하는 사악한 기회들에 저항하고 맞서 싸우기 위해 몸부림쳤다. "갈증 속에서 살라"는 부르심에 응답했다. 이치에 맞는 말이라 여겼다. 여자는 자신의 어두움 속에 함께하시는 하나님을 맛보며 기쁨을 누렸다. 아픔이 없어지거나 갈증이 해소되지 않아도, 영혼이 소망에 닻을 내리게 해 주는 평안을 누렸고, 인생의 폭풍 속에서도 이내 안식을 찾게 해 주는 진리를 경험했다. 그리고 완벽한 안식이 찾아올 영원한 그날을 기다릴 때, 중독이 힘을 잃고 스러지는 모습을 상상했다.

* * *

그리스도 안에서 우리가 바라는 것이 이 세상에만 해당되는 것이라면, 우리는 모든 사람 가운데서 가장 불쌍한 사람일 것입니다(고전 15:19).

그러나 그리스도 안에서 우리가 바라는 것이 하늘나라에 단단히 닻을 내리면, 지금 우리는 모든 사람 가운데서 가장 흡족한 사람일 수 있다.
그러니 갈증 속에서 살자!
그리고 하늘나라만 줄 수 있는 것을 기다리자.

자아 중독은 관계적 빈곤으로 말미암은 외로움을 불러온다. 그러나 '앞에 있는 것들'을 기다리면서 그리스도께서 지금 주시는 것을 의지하고 살면, 감사함과 기대감 속에 '좁은 길'도 참고 걸어갈 수 있다.

1.
자아 중독과 조급증

조금 전, 내 속에 있던 비겁함이 여실히 드러나는 일이 있었다. 마치 빛이 어둠을 비춰 감춰진 것을 있는 그대로 드러내는 순간 같았다. 지금 나는 비겁함이 내 안에서 고개를 드는 모습을 두렵게 지켜보고 있다. 부정할 수 없을 만큼 너무도 확연해서 불안하기까지 하다. 사실이다. 가끔은 '바르게 사랑하는 것' 보다 '우선 내 기분이 좋아지는 것'이 더 중요하게 느껴질 때가 있다. 지금이 딱 그렇다.

일요일 이른 아침이었다. 두어 시간에 걸쳐 《어떻게 죽음을 맞이할 것인가?》라는 제목의 얇은 책을 읽었다. 죽음에 관한 옛 현인의 생각을 엮은 책이다. 후기 스토아학파를 대표하는 1세기 로마 철학자 세네카는 스승이자 고문으로 10년 넘게 네로 황제 곁을 지켰다. 그러나 말년에 그는 네로의 눈 밖에 났다. 그리고 정신 나간 황제는 충직한 벗이었던 그에게 자결하라고 명령했다. 홧김에 이성을 잃고 내린 명령이었다. 그런데도 세네카는 기꺼이 황제의 명령을 받들었다. 그리하여 서기 65년에 스스로 목숨을 끊었다. 존경받는 철학자였던 세네카는 죽기 몇 년 전에 친구들과 추종자들에게 보내는 편지 형태로 '잘 살다가 잘 죽는다는 것의 의미'를 주제로 많은 글을 썼다. 아마도 세네카는 자기가 그 두 가지 일을 모두 잘 해냈다고 생각했을 것이다.

세네카가 남긴 이 방대한 저술을 선별하고 번역해서 《어떻게 죽음을 맞이할 것인가? *How to Die*》라는 제목으로 출간한 사람은 바드대학 고전학 교수 제임스 롬James S. Romm이다. 우연히 제목을 보고 책을 사서 호기롭게 책장을 펼쳤다. 살아온 날보다 남은 날이 훨씬 적은 내게도 이 옛 철학자가 도움이 될 법한 솔깃한 이야기를 해 주리라 내심 기대했다.

그런데 제임스 롬이 편역한 영어판을 천천히 읽어 내려가다가 121쪽쯤 읽었을까, 내 안에 감춰져 있던 부끄러운 성향이 또렷해지는 것을 느꼈다. 책에는 세네카가 쓴 라틴어 원문이 90쪽에 걸쳐 수록되어 있다. 물론, 단 한 구절도 읽을 수 없었다. 고등학교에 다닐 때 라틴어를 2년이나 배웠는데도.

세네카는 스토아학파답게 '두려움 없이 죽음을 직시하는 법'을 이야기하고 있었다. 언제고 품위 있게 떠날 수 있을 만큼

'잘' 살면, 두려워하지 않고 죽음을 직시할 수 있다고 했다. 그러나 안타깝게도 세네카가 한 권고 중에는 생각해 볼 만하다고 고개가 끄덕여지는 대목이 거의 없었다. 나는 세네카의 가르침에 동의할 수 없었다. 오히려 마음속에서 발끈하고 반발심이 솟구쳐 올랐다. 당신이 틀렸다고, 내가 한 수 가르쳐 줄 테니 잘 들으라고, 우쭐대며 잘난 체하고 싶어졌다. 세네카의 생각에 동의하지 않을 권리가 있다고 해서 거만하게 젠체할 권리가 생기는 건 아닌데도 그랬다.

그때 내 속에서 어떤 일이 벌어지고 있었는지를 보여 주는 몇 장면을 정리해 보았다. 읽으면서 반감이 들었던 문장과 그 문장을 읽을 때 든 생각을 기록한 것이다.

첫 번째 장면

세네카: 잘 죽는 법을 모르는 이는 잘 살지 못한다.[1]

나: 이렇게 무거운 주제를 놓고 이렇게 거들먹거린다고? 대체 무슨 생각인 거야? '잘 사는 것'과 '잘 죽는 것'이 다 의미가 있다는 사실을 깨닫고, 의미 있는 삶을 살다가 의미 있게 죽는 법을 정말 알고 싶었다면, 예수의 삶과 죽음을 연구할 수도 있었을 텐데. 예수의 삶과 죽음을 기록한 복음서 네 권 중 세 권,

마태복음, 마가복음, 누가복음은 세네카가 죽기 전에 기록되었잖아. 세네카는 예수께서 십자가에 달려 죽은 지 몇 년 뒤, 젊은 나이에 원로원 의원이 되었어. 그러니까 적어도 예수의 얘기를 듣긴 했을 것 아냐? 그런데도 세네카는 그때껏 이 세상에 살았던 이들 중 가장 현명한 인물에 대해 알아보려고도 하지 않았어. 그런데도 내가 세네카의 판단력을 인정해 주고 우러러봐야 해?

두 번째 장면

세네카: 삶을 지키려는 걱정은 모두 밀어 두고 즐겁게 살아라.[2]

나: 말은 쉽지. 그러니까 지금 나한테 죽는 건 신경 쓰지 않기 위해 고통스러운 죽음을 맞을 가능성을 부인하며 살라는 거야? 아니면, 삶을 지키려는 욕망이 건강하지 않다는 소리야? 죽음, 심지어 고통스러운 죽음까지도 직시할 수 있게 하는 것은 기독교 신앙뿐이야. 고통 없는 비非실존(그런 게 있다면 말이지만)을 바라서가 아니라, 자기가 누구인지를 아는 그리스도인이라면 누구나 죽음 반대편에 놓인 것을 무엇보다 원

한다는 사실을 알기에, 기꺼이 죽음을 직시할 수 있는 거라고! 안락함을 지키는 데 방해되어도 기꺼이 그렇게 해! 스토아학파의 위대한 철학자답게 세네카는 그 무엇에도 방해받지 않는 평안함, 부처를 닮은 평정심을 인간의 가장 큰 선善으로 보고 소중히 여겨. 하지만 기독교 신앙은 우리에게 예수를 닮은 평화를 줘. 삶이 뜻대로 되지 않아 실망스럽고 가슴이 미어질 때도 '잘 살고 바르게 사랑하도록' 우리를 지탱해 주는 평화 말이야. 예수를 닮은 평화는 고통을 질식시켜 죽이지 않아. 오히려 고통을 통해 삶에 의미를 불어넣지. 세네카가 제시한 '잘 살다가 잘 죽는' 공식에는 평화를 방해하는 탄식은 설 자리가 없지 않나? 세네카는 우리가 묘지를 거닐며 즐거운 가락의 휘파람이라도 불길 바라는 거야 뭐야.

세 번째 장면

세네카: 일생이 죽음을 향한 여정일 뿐이라는 사실을 아는 이에게 누군가 죽었다는 것이 어찌 새로운 소식일 수 있겠는가?[3]

나: 이것도 틀렸어. 그리스도인에게 실존은 하나님께 기

쁨이 되는 삶을 살아가는 여정이야. 모든 사람이 오롯이 경험하기를 갈망하는 '끝없는 기쁨'을 향해 곧게 나아가는 불완전하고 힘겨운 여정이면서 동시에 의미 있고 즐거운 여정이라고. 명석하다고 추앙받는 철학자가 삶을 낫게 만들고 죽음을 훨씬 더 낫게 만드는 기본 진리를 줄곧 놓치고 있네. 지능 지수로만 따지면 천재일지 모르지만, 실상은 그냥 바보네.

이 길 잃은 바보를 상대로 내가 얼마나 꼴사납게 으스댔는지 알겠는가. '사랑의 향기'라고는 티끌만큼도 찾을 수 없는 무정한 태도가 보이는가. 부끄럽지만, 책을 읽으면서 세네카의 영혼이 걱정되어 마음이 무거웠던 적은 한 순간도 없었다. 물론, 나는 지금도 내가 견지했던 기독교적 관점을 여전히 지지한다. 하지만 정념에 휩싸여 한껏 날을 세우고 인정사정없이 군 것은 한없이 부끄럽다.

대체 왜 그랬을까? 왜 그렇게 독선적인 태도를 보인 걸까? 나는 왜 '그는 모르고 나는 아는 사실'을 세네카 코앞에 바짝 들이대며 쾌감을 느꼈을까? 하나님이 사랑하시는 동료 인간에게 전혀 그리스도인답지 않은 태도로 칼을 휘두르다니, 내 안에서 대체 무슨 일이 벌어졌던 걸까? 이유를 찾으려 하니, 몇 가지 생각이 뇌리를 스쳤다.

- 내가 느낀 우월감은 방어 기제였을까? 감춰진 위협으로부터 나를 지키려 했던 걸까?
- 그렇다고 오만하기 짝이 없는 독선적인 태도가 대면하기 싫은 심오하고 영적인 불편함으로부터 나를 보호할 수 있을까?
- 혹시 겁에 질렸던 것은 아닐까? 불안감을 최고조로 높이는 극심한 두려움, 단순한 짜증을 넘어 격한 분노를 유발하는 두려움이 내 안에 깊이 자리하고 있는 건 아닐까? 순간 화가 치밀면 늘 갈망해 온 좋은 마음마저 삐뚤어져 버리기도 하는 걸까?

이런저런 의문 끝에 문득 이런 생각이 들어 마음이 불편했다. 내가 정말 독실하고 헌신적인 그리스도인(이따금 나는 내가 그런 그리스도인이라고 믿었다)이라면, 내가 정말 주께서 값을 치르고 값없이 주신 생명, 죽는 날 내게 주어질 그 영원한 생명을 참을성 있게 기다리면서 무슨 일이 있어도 예수를 위해 살기를 갈구하는 강건한 사람이라면, 잘못된 생각을 완강하게 고집하는 사람에게 그토록 거만하게 잘난 체했을까? 어리석게 삶을 오해하여 잘못된 생각을 고집하는 이들을 속으로 깔보면서, 짐짓 고상한 태도로 사람들을 감화시키려 하는 '영적 가면을 쓴 위선자'가 다름 아닌 바로 나였던 걸까? 기독교 신앙을 가진 잘난척쟁이가 바로 나인 걸까? 내가 정말 성숙한 제자라면, 착실하게 그리스도를 본받는 사람이라면, 삶을 속속들이 잘못 이해한 수많은 세네카를 보면서 한없이 무겁고 안타까운 마음이 먼저 들어야 하는 것 아닐까?

꼬리에 꼬리를 무는 생각을 정리한 끝에, 유감스럽게도 나는 다음과 같은 결론을 내리지 않을 수 없었다. "내 신앙은 궤도를 심하게 이탈했다." 이제야 이해가 간다. 내 신앙은 궤도를 이탈한 게 틀림없다. 그나마 이제라도 깨달았으니, 내 뒤틀린 신앙에 성령의 빛이 더 밝게 비치리라는 기대감도 든다. 하늘나라에 이르기 전에 '모든 것'을 올바로 이해할 수 있는 사람은 아무도 없다. 감사하게도 성령께서 일부분이나마 나를 깨우쳐 주셨고, 덕분에 이제 나는 너무도 중요한 것이 내게 없다는 사실을 똑똑히 알게 되었다. 이제라도 결핍을 깨달았으니, 얼마나 감사한지 모른다. 앞으로 더 자랄 가능성이 있으니, 이는 분명 좋은 징조다. 내가 지금 인식하고 있는 현상, 즉 특정 부분에 대한 믿음이 없는 현상은 글로 쓸 만큼 중요하고, 염려스럽고, 흔하게 볼 수 있다. 그래서 이 책을 썼다.

사실, 조금 놀랐다. 전작《하나님을 신뢰한다는 것When God's Ways Make No Sense》을 출간한 뒤 가벼운 안도감을 느낄 새도 없이, 궁금했다.[4] 과연 내 안에 다른 책이 남았을까, 내가 꼭 쓰고 싶은 책이 또 있을까 싶었다. 하나님이 원하시는 책이 있다면, 표지에 내 이름을 새기기 위해서라도 탈탈 털어 쓰고 말 것이다. 그러나 이제는 작가의 삶을 마무리할 때가 된 것 같았다. 나이는 우리가 할 일과 하지 않을 일을 대부분 결정한다. 그런데 내 나이가 내게 "이제 글은 그만 쓰라"고 말하는 것 같기도 했다.

그런데도 삶에 대해 내가 이해하고 있는 바에 어떤 결함이 있는 것은 아닌지 생각을 정리하고픈 충동을 억누르기가 힘들었다. 이 결함은 위험할 만큼 기독교 사회에 널리 퍼져 있다. 그러나 눈치챈 이가 많지 않다. 그것이 죄임을 깨닫고 회개하고 자유를 얻어야 한다. 자각하고 고백하지 않으면, 이 결함은 영적 여정에 대한 오해로 이어지기 쉽다. 그러면 우리 중 많은 이가 '기독교 사상'이라는 풀장에 발목만 담근 채, 풀장 가장 깊은 곳으로 용감하게 뛰어들었다고 착각할 수 있다.

성령의 빛이 내 안에 자리한 어둠을 비추자, 그때야 비로소 '죄'인 줄 깨닫게 된 것이 있다. 그것이 무엇인 줄 아는가? 바로 '기다림을 거부하는 조급함'이다.

기다림을 거부하는 조급함

나는 하나님이 '나중에' 오직 하늘나라에서만 주겠다고 약속하신 것을 이 땅에서 '지금 당장' 누리고 싶어 한다. 예수께서 다시 오실 때 모든 것을 새롭게 하시리란 건 잘 알고 있다. 그래도 그 전에 몇 가지만 더 바로잡으실 수는 없는 걸까?

나는 이따금 하나님에게 조급증이 난다. 하나님은 내 인생 이야기를 어떻게 펼치실지 플롯을 미리 생각해 두셨는데, 그 플롯이 늘 내 마음에 드는 것은 아니기 때문이다.

무엇보다 나는 곤경이 몰고 올 온갖 스트레스를 차단하고, 불안을 모두 잠재우고, 기분 좋을 정도로 패배감을 줄여 주는 쾌락을 지금 당장 원한다. 아주 잠깐에 불과하더라도 그렇게 기분이 좋아졌으면 한다. 그러나 하나님은 매정하게 내 기대를 저버리신다. 하나님은 곤경이 겹치고, 불안이 심해지고, 지독한 실패가 계속되는 와중에도 예수와 동행할 수 있도록 돕는 방편만 내게 허락하시는 것 같다. 나는 다른 게 필요하다고 확신하는데도 말이다.

저 모퉁이를 돌면 더 많은 곤경이 나를 기다리고 있을지 모른다는 걱정을 나는 도저히 떨칠 수가 없다. 하나님의 무한한 사랑에 잠겨 불안이 송두리째 자취를 감추고 완전한 쉼을 얻는 일은 내게 일어나지 않는다. 죄에 아무런 매력을 느끼지 못할 정도로 내 인생을 향한 하나님의 선하신 계획에 압도되는 일은 내게 일어나지 않는다. 그래서? 나는 이따금 내가 원하는 경험을 손에 넣고자 문제를 스스로 해결한다. 그러면, 나를 괴롭히던 일들이 저 멀리 사라진 듯 보이고, 거절당할까 봐 두렵지도 않고, 실패를 실패로 인식하거나 인정하지 않아도 된다.

만약 베드로가 지금 내게 말을 걸 수 있다면, 내게 뭐라고 할지 조금은 알 것도 같다. 베드로는 말년에, 그러니까 십자가에 거꾸로 못 박히기 얼마 전에 인생이 순조롭지 못한 그리스도인들에게 편지를 썼다. 그들은 괴로워하고 있었고, 베드로는 그들에게 고통을 없애는 것을 목표로 삼지 말라고 충고했다. 그 대신, 예수께서 다시 오실 터인데 그때 만물을 새롭게 하시고, 잘못된 일을 모두 바로잡으시고, 눈물을 모두 닦아 주시고, 영화로워진 우리 영혼에 살아 있는 갈망을 모두 채워 주실 거라면서, '하나님의 선하심'을 믿고 싶어도 믿어지지 않아 애를 먹는 신자들에게 지금 이 땅에서가 아니라 "예수 그리스도께서 나타나실 때에" 그들에게 "가져다 주실 은혜를 온전히 바라라"라고 격려를 아끼지 않았다(벧전 1:13, 개역개정).

베드로는 우리에게 이렇게 말한다. "그때까지 기다리세요! 우리가 가장 원하는 것은 저 앞에 있습니다. 지금은 아무것도 보채지 마세요. 모든 것을 그때 기대하세요. 지금 여러분에게 주어지는 좋은 것을 전부 받으세요. 감사하며 그것을 하나하나 누리세요. 하지만 지금 삶은 여러분이 느끼는 가장 지독한 갈증을 절대로 완전히 해소할 수 없다는 사실을 깨달으세요." 바울도 베드로와 같은 말을 한다. 바울은 로마에 사는 그리스도인들에게 계속 '속으로 신음'하며 '고대'하라고 말한다(롬 8:23).

인간의 마음이 갈망하는 모든 것을 장차 받게 될 그때를 '기다리는' 그리스도인이 신음할 이유가 끊이지 않는 이 땅에 사는 동안 삶에 대해 그릇된 생각을 드러내는 사람을 만나면 어떻게 반응해야 할까? (그 사람은 세네카일 수도, 배우자일 수도, 자식일 수도, 친구일 수도 있다.) 내가 그랬듯이, 그리고 지금도 종종 그러듯이, 적어도 저 사람보다는 내가 낫다는 허황된 자부심에 사로잡혀 잘난 척하고, 깔보는 듯한 태도로 가르치려 든다고 마음이 흡족하지는 않을 것이다. 자만심의 냄새를 풍기는, 그래서 비난받아 마땅한 '우월감' 얘기다. 이에 관해 내가 과연 무슨 말을 할 수 있을까? 그런데 혹시, 이 우월감이 내 안에 감춰진 관계 중독의 흐릿한 증거는 아닐까?

답답하고 불만스러울지라도 하나님의 때가 되길 기다리면, 내 기분을 좋게 만들어 줄 무언가에, 황홀하되 피상적이고 일시적인 쾌락에 더는 사로잡히지 않는 '선한 삶'을 살 수 있을지 모른다. 그 삶은 점점 더 일관되게 자기를 부인하고 다른 사람을 먼저 생각하는 삶이요, 용서에 대한 감사가 날로 깊어지는 삶이다.

하나님의 때를 기다리는 그리스도인들은 유혹이 다가올 때 유혹의 정체를 좀 더 빨리 알아채고, 훗날 하나님이 주시겠노라고 약속하신 것을 받을 만한 사람이 되도록 스스로 준비하는 기회로 삼는다. 또한, 하나님의 때를 기다리는 그리스도인들은 그러한 유혹에 저항할 새로운 힘을 발견한다. 기다리는 법을 배운 그리스도인은 지금 이 땅에서 더 나은 삶을 살고, 천국의 문이 활짝 열릴 때 더 나은 죽음을 맞이할 것이다. 어쩌면 이것이 자유로 가는 좁은 길이 될 수도 있지 않을까?

주여, 우리에게 기다리는 법을 가르쳐 주소서.

> 예수님, 저는 또 이렇게 쾌락을 탐닉하며
> 제자리를 맴돌고 있습니다.
> 이런 행동은 제 마음과 저를 사랑하는 이들의 마음을
> 거스르는 짓입니다.
> 이 순간, 저는
> 덧없는 갈망을 탐닉하는 쪽을 선택할 수도 있고,
> 주님을 더 사랑하는 쪽을 선택할 수도 있습니다.

수치와 영광 가운데 하나를 선택해야 한다면,

부디, 영광을 선택하게 하소서.

이 순간과 영원 가운데 하나를 선택해야 한다면,

부디, 이 순간 영원한 것을 선택하게 하소서.

손쉬운 쾌락과 힘든 십자가의 길 가운데

하나를 선택해야 한다면,

부디, 주님을 따를 수 있게 은혜를 베풀어 주소서.[5]

기다려라!

2. 바울의 경험

나는 여러 해 동안 바울이 그리스도인의 경험을 묘사한 로마서 7장의 한 대목을 읽으면서 다소 삐뚤어진 위안을 얻었다. 우리가 '위대한 사도'로 알고 있는 바로 그 바울은 로마서 7장에서 놀랄 만큼 솔직하게 자기 안에 '온갖 탐심'이 있다고 말한다(롬 7:8). 나는 그 탐심이 어떤 것인지 궁금했다.

혹시 내 것과 같을까?

스스로 인정했듯이, 바울은 무언가 엄청나게 잘못되었다는 사실을 깨닫지 않을 수 없었다. 그는 자기가 육신에 속하여 '죄 아래에 팔린' 죄의 종이라고 인정한다(롬 7:14). 그런데 재미있게도 로마에 있는 그리스도인들에게 보내는 편지인 이 로마서 서두에서 바울은 자기가 부르심을 받아 사도가 되었다며, 하나님의 복음을 전하기 위하여 따로 세우심을 받은 '그리스도 예수의 종'이라고 자신을 소개했다(롬 1:1). 마르틴 루터의 말이 옳은 걸까? 우리는 모두 '죄인'이자 '성인'인 걸까?

아니면, 바울이 특별한 사례였던 걸까? '죄의 종'이자 '그리스도 예수의 종'이라는 살아 있는 모순덩어리가 바로 바울이었던 걸까? 나는 루터의 말대로 정말로 독실한 예수의 제자라 할지라도 죄에 맞서는 싸움은 여전히 힘에 부치고, 그래서 때때로 그 싸움에서 지기도 한다는 뜻으로 바울의 말을 이해하고, 거기에서 위안을 얻었다. 그러나 죄와 싸우다 실패해도 개의치 않을 때 이런 위안은 궤도를 이탈하게 마련이다. 지극히 헌신적인 제자와 가벼운 추종자 사이에 한 가지 차이가 있다면, 전자가 계속되는 죄와의 싸움에 대해 훨씬 더 잘 알고 싸움에서 질 때마다 몹시 괴로워한다는 점이다. 그런데 우리가 성숙해질수록 죄와의 싸움도 더 치열해지기만 한다면, 이것을 어떻게 좋은 소식이라고 할 수 있을까?

로마서 7장에서 "나는 내가 하는 일을 도무지 알 수가 없습니다"라고 말하는 바울에게 무엇을 배워야 할까? 나도 나를 도무지 알 수가 없다. "내가 해야겠다고 생각하는 일은 하지 않고, 도리어 해서는 안 되겠다고 생각하는 일을 하고 있으니 말입니다"(롬 7:15). 바울의 말이다. 나 역시 그렇다. 이토록 가혹한 자기 인식을 보여 준 사람은 다름 아닌 바울이다. 많은 사람에게 '지금까지 살았던 가장 위대한 그리스도인'으로 불리는 바로 그 사람 말이다.

　자기 말을 그냥 흘려듣지 않게끔 바울은 같은 말을 한 번 더 반복한다. "나는 내가 원하는 선한 일은 하지 않고, 도리어 원하지 않는 악한 일을 합니다"(롬 7:19). 나도 마찬가지다. 세네카를 신랄하게 비판하던 내 모습을 떠올려 본다. 마음 저 밑바닥, 아직도 깨끗해지지 않은 그곳에서 추악한 자부심과 우월감이 흘러나왔다. 감기에 걸리면 자꾸 나오는 재채기처럼 시건방진 말이 저절로 튀어나왔다.

　내가 봤을 때 나는 지금 '중독자'다. 마르틴 루터는 모든 그리스도인은 죄인이자 성인이라고 말했다. 그뿐 아니라 우리 모두 '자아 중독자'라고 어딘가에 썼다. 나는 타락한 세상에서 타락한 사람들과 함께 여전히 타락한 존재로 살아가는 이 슬픔과 몸부림에서 벗어나길 소원한다. 예수께서는 언젠가 다시 오셔서 타락의 잔재를 모두 없애시겠노라고 약속하셨다. 그러나 인생은 고통의 연속이다. 그래서 나는 기다리라는 당부를 아무렇지 않게 뿌리친다. 그리고 내가 갈망해 마지않는 위안을 얻고 지금 당장 안도감을 느끼고자 무슨 짓이든 한다.

　기분 좋아지는 데 효과가 있는 전략도 진즉에 습득했다. 나를 불안하게 하는 감정은 모두 다 몰아내고, 놀라울 만큼 즐겁고 만족스러운 감정을 강렬하고 빠르고 확실하게 불러일으키는 방법을 알고 있다. 이 방법을 실행하면 잠시나마 나 자신과도, 고통의 연속인 인생과도 화해할 수 있다. 적어도 보기에는 그래 보인다. 그래서 나는 이 평화로움이 내 안에 있는 '사랑할 힘'과 '사랑하려는 열망'을 약해지게 만든다는 사실을 알아채지 못한다. 일단 내 기분이 너무 좋으니, 다른 누군가를 걱정할 겨를도, 내가 그들을 바르게 사랑하고 있는지 염려할 겨를도 없다.

바울이 경험한 게 바로 이런 거였을까? 바울도 가끔은 기분 좋아지려고 무슨 짓이든 했을까? 정말 그랬을까? 사실, 바울은 하늘나라를 바라보며 살아가는 동안 사람들에게 실망도 많이 했고 어려움도 많이 겪었다. 그래서 바울 역시 인생길에서 이런저런 위안거리를 즐기고, 그것들이 안겨 주는 아찔한 쾌락을 맛보았던 걸까? 그러느라 저지른 자잘한 실수에 몸서리쳤던 것일까? 성경은 '죄의 향락을 누리는 것'에 대해 엄중히 경고한다(히 11:25). 하지만 잠시 기분 좋아지는 데는 그것들이 꽤 효과가 있다. 우리 중 한순간도 흔들리지 않고 착실하고 단호한 태도로 히브리서의 경고에 주의를 기울일 수 있는 사람이 누가 있을까?

우리는 하늘나라로 가는 배에 오른 승객과도 같다. 세찬 바람이 불어 파도가 거세지면, 항로를 바꿔야 할까? 더 순탄한 항해를 위해 배짱도 좋고 경험도 많은 선장을 밀어내고 우리가 직접 키를 잡아야 할까? 아니면 선장이신 예수께서 파도가 일렁이는 바다를 건너 안전한 항구에 데려다주시리라 믿고 기다려야 할까? 기다리지 않겠다면, 그 이유는 무엇인가? 생각해 보아야 할 질문이다.

3.
세 부류의 그리스도인

어떤 신념을 두고 사람들이 하는 말은 비슷비슷하다. 그러나 자기가 말한 대로 살아가는가는 전혀 다른 문제다. 이 글을 쓰다 보니 문득 떠오르는 사람이 셋 있다. 세 사람 다 "나는 진심으로 예수를 따르는 사람입니다"라고 공언하며 산다. 첫 번째 사람은 지금 당장 아무것도 보채지 않고, 모든 고생과 실망과 실패를 참을성 있게 견디며 하늘나라에서 누릴 기쁨을 기다린다. 두 번째 사람은 기다리라는 하나님의 당부를 듣고, 기다림이 가치가 있다는 사실을 인정하고, '하늘의 영광을 고대하는 것'을 두고 열변을 토하지만, '기다림'에서 어떠한 기쁨도 변화의 능력도 발견하지 못한다. 그래서 그는 기다리지 않는다. 세 번째 사람은 하늘나라에서 받기로 약속된 만족을 기다릴 필요가 없다고 생각한다. 현재의 삶도 꽤 만족스럽기 때문이다. 나중에 얻을 기쁨 따위는 아이스크림 위에 올린 체리처럼 조금 반가운 고명쯤으로 여긴다.

세 사람은 진심으로 예수를 따른다고 자처하는 세 부류의 그리스도인을 보여 준다.

첫 번째 부류: 독실한 그리스도인

안타깝게도 이 부류에 속한 신자는 소수에 불과하다. 이들은 예수를 잘 알고, 지금도 나중에도 예수와 함께하기를 그 무엇보다 간절히 바란다. 예수를 실제로 만난다는 단순한 기대만으로도 이 세상에서 얻을 수 있는 그 어떤 기쁨보다 더 큰 기쁨을 느낀다. 이들은 슬픔도 싸움도 죄도 없는 '장차 올 세상'에서 영원히 즐길 연회를 살짝이라도 맛보기를 갈망하고, 실제로 맛보곤 한다. 이들은 지금 이 세상이 줄 수 있는 가장 강렬한 만족이 하나님의 선하심을 맛보는 것과 같지 않고, 천국의 영원한 기쁨에는 당연히 비할 바가 못 된다는 사실을 잘 알고 있다.

하나님의 선하심을 살짝 맛보고 나면, 그 맛을 오롯이 경험하고픈 갈망은 더 강해진다. 그 가운데 그들은 자기가 죽거나 예수께서 다시 오시기 전에는 경험하지 못할 깊디깊은 만족에 대한 갈망을 매일 조금씩 더 알아간다. 그런데 정말 유감스럽게도, 풀리지 않는 이 갈증은 아주 잠깐이라도 영혼이 충만해지는 더 의미 있는 경험을 찾아보라며 이들을 유혹한다. 그들이 가진 지혜와 통찰을 드러내기에 안성맞춤인 누군가에게 어떤 말을 하거나, 다정하고 너그럽다는 칭찬을 받기 위해 누군가에게 어떤 일을 하라고 그들을 유혹한다. 이런 유혹은 얼핏 보기에 순수해 보일 수 있다.

유혹은 생생하고 맹렬하지만, 이 부류의 그리스도인들은 유혹이 끈질기게 이어질 때 대부분(물론 항상 그런 것은 아니다) 세 가지를 의도적으로 떠올린다. 첫째, 예수께서 십자가에 못 박혀 죽음으로써 나를 위해 하신 일을 생각한다. 둘째, 그리스도의 영이 내 안에 살아 계신다는 사실을 기억한다. 셋째, 예수께서는 위안거리를 몰래 감춰 두지 않으셨으며, 오로지 뒤따를 기쁨을 갈망하면서 이루 다 말할 수 없는 고통을 견디며 우리에게 본을 보이셨다는 사실을 생각한다. 고통이 있고 난 뒤에는 영광이 있다는 사실을 기억하려 애쓴다.

물론, 이들도 갈증을 느낀다. 차분하되 강렬한 갈망이 생생하게 고개를 든다. 그렇다고 지금 당장 충만하게 채워지고 싶은 욕구만 솟구치지는 않는다. 자기만족을 위한 말과 행동을 삼가 조심함으로써 하나님께 기쁨이 되고 싶은 소망이 훨씬 더 강하게 샘솟는다. 그래서 이들은 하나님께 기쁨이 되려는 노력이 비할 바 없는 기쁨으로 자신에게 되돌아온다는 사실을 널리 알린다. 그리고 하나님이 기뻐하시는 이유가 되는 삶을 살고,[1] 다른 사람들도 자기와 같은 길을 걷도록 깊은 감명을 주는 삶을 사는 데 집중한다.

이 부류의 그리스도인들은 기다리라는 당부를 듣고 주의를 기울인다. 하나님이 인생길에 예비해 두신 복을 모두 감사히 받아 누리되, 이 세상이 줄 수 있는 만족을 구하지 않는다. 죄가 만들어 내는 '만족'이라는 환상을 미워하고, 하늘나라에서 누릴 기쁨을 기대하고 소망하며 활기차게 기다린다. 이렇게 자아로부터 자유로워지면, 다른 유혹과 중독으로부터도 자유로워진다.

이 부류의 그리스도인들에게는 이렇게 말하고 싶다.

"계속 가십시오! 여러분은 지금 여러분이 가장 바라는 삶으로 가는 좁은 길을 걷고 있습니다."

나에게는 이렇게 말하고 싶다.

"제발 좀 똑똑해지자. 기다리는 법을 아는 이 그리스도인들 틈에 끼기 위해 무슨 일이든 좀 하자."

두 번째 부류: 가벼운 그리스도인

대부분 첫 번째 부류에 들고 싶겠지만, 실상은 두 번째 부류에 속한 그리스도인이 너무도 많다. 이들은 자기 마음에 쏙 드는 열정, 탐닉할 때마다 특유의 즐거움을 확실하게 안겨 주는 어떤 열망에 빠져들고픈 강한 유혹, 괴상야릇하게 생경하면서도 놀랍도록 자유롭고 친밀하게 다가오는 만족과 실랑이한다. 이 기분 좋은 경험은 그 무엇도 줄 수 없는 쾌락을 불러일으킨다. 누군가를 의미 있게 사랑해도, 열렬히 기도해도, 손을 높이 들고 열정적으로 하나님을 경배해도, 이 유혹에 굴복할 때 찾아오는 이런 경험은 하지 못한다. 놀랍도록 짜릿하고 걱정거리를 싹 잊게 해 준다. 시시때때로 그들을 불안하게 만드는 압박감과 불쾌한 생각, 불안한 감정을 차단해 준다. 그래서 어딘가 모르게 완전해진 것만 같은 기분이 든다. 어떤 합법적인 즐거움도, 어떤 맛있는 식사도, 아무리 멋진 휴가도, 꿈에 그리던 집이나 새 차를 살 때 생기는 활기조차도 이처럼 확실하고 효과적인 위안이 되지는 못한다.

    물론, 이 사람들도 그리스도인이다. 독실한 그리스도인과 마찬가지로, 선택의 갈림길에 서서 괴로울 때면 이들도 종종, 때로는 필사적으로, 그리스도의 십자가를 떠올리고 자기를 용서하신 하나님의 은혜에 진심으로 감사한다. 이들도 그리스도의 영이 정말로 자기 안에 살아 계신다고 믿는다. 그러나 임재하심은 거의 느끼지 못한다. 그래도 하나님께 기쁨이 되고 싶은 마음에 유혹에 맞서 싸울까 설핏 들썩일 때도 있다. 얼핏 하늘나라를 떠올리기도 하지만, 그 생각이 강력한 힘을 발휘하지는 못한다. 고통을 피하고 쾌락을 즐기자는 생각에 더 매혹을 느낀다.

예수께서 하신 일에 감사하는 마음, 나를 바른길로 이끄시려는 성령에 대한 자각, 그리스도의 재림을 고대하는 기쁨이 없진 않다. 하지만 그것들을 다 합쳐도 유혹에 무릎 꿇었을 때 찾아드는 평화롭고 완전한 느낌, 그 뿌리 깊은 환상에는 비할 바가 못 된다. 물론, 이런 신자들도 한동안은 쾌락의 손길을 거절할 수 있다. 그러나 버텨 봐야 짧으면 며칠, 길면 몇 달에 불과하다. 유혹은 다시 찾아오고, 결국 굴복한다. 항상 실패하는 것은 아니나 자주 실패한다. 그러면 어쩔 도리가 없어 보이는 '실패의 시간'이 또다시 시작된다.

가벼운 그리스도인들 역시 '불안에 떨면서도' 천국에서 누릴 비할 데 없는 기쁨을 기다리며 추잡한 쾌락에 빠지지 않으려고 애를 쓰기는 한다. 그러나 예상대로 원하는 순간 언제든 확실하게 만족을 얻을 방편을 몰래 감춰 두는 자신을 발견하기 일쑤다. 그럴 때마다 자기 자신에게 실망한다.

"왜 나는 이렇게 자제력이 없을까?"

삶에도 실망한다.

"인생은 늘 내게 커브볼을 던져. 압박감이 쌓이니까 어떤 식으로든 해소할 필요가 있어."

하나님에게도 실망한다.

"이왕 도우실 거면 좀 더 많이 도와주시면 안 되나?"

좋기도 하고 밉기도 한 유혹에 굴복하고 나면 죄책감 때문에 마음이 불편하다. 그리고 죄책감이 희미해질 무렵, 냉담함과 성난 체념이 자리를 대신 채운다. 이들은 밑바닥에 자리한 '자아 중독' 대신 현재 빠져 있는 이런저런 중독에 초점을 맞추느라 싸움의 본질을 놓치고 만다.

이 부류의 그리스도인들에게는 이렇게 말하고 싶다.

"그만두지 마십시오! 전장을 떠나지 마십시오. 패배가 확정된 싸움이 아닙니다. 복음 안에는 지금 여러분이 알고 있는 것보다 훨씬 더 많은 것이 담겨 있습니다. 이미 여러분 안에 있는 자유로운 의지, 기다리고 순종하려는 그 의지를 수면으로 끌어올릴 수 있는 도구가 많이 있습니다. 진정한 목마름을, 가짜 즐거움이 아닌 진짜 즐거움을 기다리려는 진지한 열망을 여러분 안에서 발견하게 될 겁니다. 심지어 여러분이 거짓 쾌락을 경험하는 동안에도 여러분의 영혼은 거짓 쾌락과 싸우고 있다는 사실을 깨닫게 될 겁니다."

나에게는 이렇게 말하고 싶다.

"하나님께 기쁨이 되고 싶어 하고, 예수님을 기다리고 싶어 하는 네 갈망을 믿어. 지금 네가 두 번째 유형과 얼마만큼 가깝든, 첫 번째 유형에 들고 싶어 한다는 사실을 자각해."

세 번째 부류: 자기만족을 좇는 그리스도인

세 가지 부류 중 이 부류가 가장 위험하다. 이 부류의 그리스도인들은 자기가 정말로 그리스도에게 충실하다고 확신하면서 자기가 이해한 대로 기분 좋게 기독교 신앙에 발을 담그고 산다. 이들은 자기가 자신을 스스로 보호하고 자기에 관한 긍정적인 감정을 유지하기 위해 애쓴다는 사실을 깨닫지 못한다.

"안전하다는 느낌을 받고 싶어, 그리고 기분이 늘 좋았으면 좋겠어."

이들은 바라던 것을 얻는다. 그리고 소원을 이루도록 복을 주신 신실하신 하나님을 찬양한다. 인생은 문제없이 잘 굴러간다. 이들은 예쁜 아이들을 키우며 비교적 행복한 결혼 생활을 꾸려 가거나, 불편 없이 살기에 충분한 돈과 건강을 바탕으로 행복하고 만족스러운 비혼 생활을 즐긴다.

이 부류에 속한 이들 가운데 많은 이가 자신의 재능과 자원을 마음껏 드러낼 수 있는 직책을 맡고 있다. 이들 중 상당수는 콘퍼런스에 참석해서 저명한 기독교 지도자들의 강의를 듣는다. 그런 식으로 자기가 평소 긍정하고 따르고 있다고 믿는 바를 다시금 확인한다. 이들 중에는 목사도 더러 있다.

교회 또는 콘퍼런스에 갔다가 갈보리 언덕에서 완전하게 드러난 주님의 사랑과 임박한 주님의 재림을 생각나게 하는 예배 음악을 접할 때면, 이 부류의 그리스도인들은 기쁨 비슷한 것을 경험한다. 하지만 그 유쾌한 감정 밑바닥에 우쭐함이 깔려 있다는 사실은 알아채지 못한다. 좀처럼 인정하지 않지만, 마음속에 이런 믿음이 더 굳게 자리를 잡는다.

"예수님은 우리 죄를 용서하기 위해서만이 아니라, 용서받은 제자들에게 '바로 지금' 은혜를 베풀기 위해서 죽으신 거야. 삶을 즐기는 데 필요한 모든 복을 우리에게 내려 주시려고 말이야."

이들은 큰 희생을 치르면서까지 다른 사람들을 사랑하고 용서할 힘을 주는 복보다 기왕이면 안락한 삶을 선사하는 복을 훨씬 더 소중히 여긴다. 하나님은 기다리라고, 기다리면서 영적으로 성장하고 다른 사람을 영적으로 축복하는 데 우선순위를 두라고 말씀하시지만, 이 음성은 더 큰 목소리에 묻히고 만다. 그 목소리는 이들에게 이렇게 호언장담한다.

"너는 생의 축복을 받을 자격이 있어. 풍족한 삶을 마음껏 누릴 자격이 충분해."

하나님의 복을 이런 식으로 이해하는 태도는 기만적이고 뿌리 깊은 자아 중독의 증거다.

자기만족에 빠진 그리스도인들에게 나는 꼭 이렇게 말하고 싶다.

"잠에서 깨십시오! 여러분은 지금 라오디게아에 살고 있습니다. 라오디게아 시내는 아니더라도, 적어도 외곽에 사는 건 분명합니다. 고린도에 있는 신자들에게 바울이 한 말을 떠올려 보십시오. '여러분은 자기가 믿음 안에 있는지를 스스로 시험해 보고, 스스로 검증해 보십시오'(고후 13:5). 바울은 이런 말도 했습니다. '그날이 그것을 환히 보여 줄 것입니다. 그것은 불에 드러날 것이기 때문입니다. 불이 각 사람의 업적이 어떤 것인가를 검증하여 줄 것입니다. … 어떤 사람의 작품이 타 버리면, 그는 손해를 볼 것입니다. 그러나 그 사람은 구원을 받을 것이지만 불 속을 헤치고 나오듯 할 것입니다'(고전 3:13-15). 여러분은 너무 깊은 잠에 빠져서 '기다리라'는 성령의 음성을 듣지 못하고 있습니다. 다가올 심판 날에 대한 경고를 먼저 들어야 합니다. 이 경고는 모든 그리스도인을 위한 겁니다. 그날 여러분은 잘한 게 하나도 없다고 예수께 책망을 들을지도 모릅니다. 지금 여러분은 예수께서 다시 오실 날을 별로 기대하지도 않죠? 여러분은 예수를 닮도록 빚어 가시는 성령께 자신을 내어 맡김으로써 하나님께 기쁨이 되는 삶을 살다가 무거운 짐을 내려놓고 자유로워질 그날에 영광스러운 복을 받느니, 지금 당장 행복하고 즐겁게 사는 복을 받기를 원하죠?"

나에게는 이렇게 말하고 싶다.

"제발 자기만족을 좇는 그리스도인은 아니길 빈다."

* * *

면밀히 들여다보면 대부분 이 세 가지 부류 중 하나에 속한다는 사실을 깨닫게 될 것이다. 어쩌면 이 세 범주를 왔다 갔다 하는 사람도 있을지 모른다. 첫 번째 부류에 속한 신자, 즉 독실한 그리스도인이요 기다리는 법을 아는 신자의 대표 사례로 꼽을 만한 사람을 주의 깊게 살펴보는 게 도움이 될 것이다.

구약성경은 우리에게 하나님을 따르기 위해 유복한 삶을 포기하고 다난한 인생길에 오른 사람의 이야기를 들려준다. 바로 모세다. 모세는 현재의 삶이 얼마나 복 받은 삶이든, 지금 삶이 줄 수 있는 것보다 훨씬 더 큰 상, 우리가 겪는 '일시적인 가벼운 고난'과는 비교할 수 없을 정도로 크나큰 상을 기다리라는 당부를 들었다(고후 4:17). 그러니 모세의 삶을 한번 들여다보자. 모세의 인생 여정을 통해 첫 번째 부류의 그리스도인이 되는 길, 예수께서 다시 오시길 적극적으로 기다리는 '예수의 제자'가 되는 길을 성령께서 밝히 보여 주실 것이다.

4. 모세의 소명

바울이 하나님의 각별한 은혜에 감격하여 흥분 속에 써 내려간 익숙한 성경 구절을 잠시 살펴보자. 먼저, 바울은 우리에게 이렇게 말한다.

> 우리는 이 아들 안에서 하나님의 풍성한 은혜를 따라 그의 피로 구속 곧 죄 용서를 받게 되었습니다(엡 1:7).

그다음에 바로 이어서 이렇게 말하는데, 이 말을 하면서 특히 더 감동한 것 같다.

> 하나님은 우리에게 모든 지혜와 총명을 넘치게 주셔서, 그리스도 안에서 미리 세우신 하나님이 기뻐하시는 뜻을 따라 하나님의 신비한 뜻을 우리에게 알려 주셨습니다(엡

1:8-9).

망가진 세상에서 망가진 사람으로 살아가는 우리 그리스도 인들이 지대한 관심을 가지고 던지는 질문이 있다. 하나님의 계획이란 게 정확히 무엇인가? 너무나 많은 악이 우리를 둘러쌀 때, 하나님의 영이 우리 안에 심으신 선과 우리 안에 있는 수많은 악이 다툴 때, 하나님의 뜻이 이루어지게 하는 것은 과연 무엇인가?

바울은 이 질문에 곧바로 이렇게 답한다.

> 하나님의 계획은, 때가 차면, 하늘과 땅에 있는 모든 것을 그리스도 안에서 그분을 머리로 하여 통일시키는 것입니다(엡 1:10).

바울은 하나님의 웅대한 이야기를 더 명확히 보여 주기 위해 열 절 넘게 할애한다. 하나님의 계획이 이루어지기를 기다리며 지금 잘 살아 내야 할 확실한 이유를 제시한다.

> 이 성령은, 하나님의 소유인 우리가 완전히 구원받을 때까지 우리의 상속의 담보이시며, 우리로 하여금 하나님의

영광을 찬미하게 하십니다(엡 1:14).

이 구절을 조금 더 이해하기 쉽게 풀면 이런 뜻이다. 하나님이 약속하신 것을 이제 곧 우리가 받을 것인데, 이를 보증하시는 이가 바로 성령이시다. 그러니 확신 가운데 앞으로 일어날 일을 기대하며 기다려라. 하나님은 값을 치르고 우리를 자기 백성으로 삼으셨다. 그러므로 이제 우리는 하나님이 선택하신 백성답게 살아야 한다. 그렇다면 하나님이 이런 일을 계획하신 이유는 뭘까? 그 이유는 바로 '우리로 하나님을 찬양하고 하나님께 영광을 돌리게' 하기 위해서다.

여기에서 곧바로 떠오르는 의문이 하나 있다. 하나님께 영광을 돌린다는 것은 무슨 뜻일까? 바울은 고린도 사람들에게 디도와 함께 '형제 한 사람'을 고린도 교회에 보냈다고 말한다. 그리고 자기가 그 형제와 함께 고린도 교회 신자들이 기부한 돈을 예루살렘에 가지고 갈 거라고 말한다. 그런 다음 이렇게 덧붙인다.

우리는 주님의 영광을 드러내고, 우리의 좋은 뜻을 이루려고 이 일을 합니다(고후 8:19).

이 타락한 세상에서 우리가 우리의 태도와 여타 활동을 통해 주님께 영광을 돌린다는 말은 "다른 사람들과 관계를 맺고, 그들에게 용기를 북돋고 싶은 간절한 소망을 품고 그들과 함께하며 사랑함으로써 우리 안에 아직 타락하지 않은 하나님의 성품을 드러낸다"는 뜻이다. 일하시는 하나님에게는 우리가 흔히 '외향성outwardness'이라고 부르는 성향이 있는 게 분명하다. 이는 우리에게 사랑을 쏟기 위해서라면 무슨 일이든 기꺼이 하시려는 하나님의 태도에서 분명히 드러나는 열정적인 기질이다. 하나님에게 사랑을 받아 우리 안에 사랑이 점점 커지면, 우리는 그 사랑으로 다른 사람을 사랑할 수 있다. 그렇게 주변 사람들에게 하나님의 존재를 드러냄으로써 우리는 하나님께 영광을 돌린다. 또한 우리는 하나님의 웅대한 이야기가 마침내 절정에 이르고 완성되길 기다리는 동안 기쁨과 확신 가운데 살아감으로써 하나님께 영광을 돌린다. 우리가 이 세상에서 경험하는 고된 싸움과 슬픔과 죄로 말미암아 하나님의 사랑이 위태로워지는 일은 절대 없다는 사실을 알기 때문이다.

그런데 여기에서 또 다른 질문이 하나 떠오른다. 그렇게 사는 게 정말 가능할까? 물론, 하나님은 우리가 이 질문을 하리란 걸 알고 계셨다. 그래서 '그렇게 살았던' 사람들, 하나님의 이야기가 전개되길 기다렸던 사람들, 그 어떤 손해도 감수하며 힘들고 괴롭고 혼란스러운 상황에서 꿋꿋이 기다리며 하나님의 계획에 발맞춰 걸었던 사람들의 이야기를 성경에 기록하셨다. 그런 사람 중 한 명이 바로 모세다. 모세는 성실하게 오늘을 살면서 내일을 간절히 기다리는 것이 어떤 의미인지 보여 주는 가장 훌륭한 예다.

가장 먼저 주목해야 할 것이 있다. 모세의 인생 가운데 하나님을 섬기며 산 마지막 40년은 한 가지 사실을 증명한다. 오로지 예수께서 다시 오실 그날에 하나님이 하실 일을 기다리라는 당부를 들을지 말지는 우리 마음대로 선택할 수 있는 것이 아니라는 사실이다. 하나님이 당부하신 대로 '기다리는' 그리스도인이라면 누구나 이 고통스러운 세상에서 성공하여 편안하고 순탄하게 사는 것보다 더 흡족한 것에 관심을 기울인다. 그들은 예수께서 새롭게 하신 세상에서 영위할 훨씬 더 편안하고 행복하고 순조로운 삶을 기다린다.

모세는 게으름뱅이도 아니었고, 이집트 출신의 무기력한 은퇴자도 아니었다. 이집트 왕자라는 지위를 버린 뒤, 모세는 미디안에 정착해서 양을 치며 가족을 부양했다. 그 시대 그 지역의 기준으로 보면, 미디안에서 모세는 40년간 부유하지는 않아도 비교적 편안하게 살았다고 할 수 있다. 그러나 하나님은 나중에 예레미야에게 그러셨듯 단연 불편하고 불우한 삶으로 모세를 부르셨고, 모세는 나중에 예레미야가 그랬듯이 하나님에게 저항했다. 그러나 결국은 하나님에게도, 그의 삶을 고단하게 만드시려는 그분의 계획에도 등을 돌리지 않았다.

모세는 하나님의 부르심이 이 세상에서 가능한 한 편안하게 사는 것보다 더 고귀하다는 사실을 인정했다. 다음 두 장에서 살펴보겠지만, 모세가 이 세상에서 손에 넣을 수 있는 것보다 더 큰 보상을 기대하라는 부르심을 인식하기 시작한 때는 마흔 살이었다. 이집트에서 살던 40년 동안, 노예로 사는 자기 민족에게 어떤 감정을 느꼈든, 이집트 왕자의 지위를 버리고 히브리 노예 200만 명을 자유가 있는 광야로, 나아가 약속의 땅으로 인도하기로 선택했을 때 모세는 '노예 해방자'라는 자신의 역할을 정확히 인식했다.

예수의 십자가 사건 이후, 오늘날 하나님이 자기 백성들에게 하시는 당부는 딱 한 가지로 요약할 수 있다. 이 무질서한 세상에 그리스도께서 다시 오시길 기다리면서, 그리스도께서 이 세상과 우리 인생에 아름다운 질서를 회복하시리라는 확실한 진리에 모든 소망을 둘 것! 내게는 언제나 하나님의 이런 당부가 아주 명확해 보였는데, 70대 중반이 된 지금은 전보다 훨씬 더 명확하게 다가온다.

출생부터 사망까지, 혹은 출생부터 예수의 재림까지 우리는 이 기다림의 시간을 '막대한 값을 치르고 우리를 사랑하신 하나님께 기쁨이 될 영광스럽고 반가운 기회'로 여겨야 한다. 어떻게? 예수를 닮아 가도록 우리를 빚어 가시는 성령께 우리 자신을 기꺼이 내어 드리면 된다.

* * *

주님이 다시 오시길 기다리는 것. 기다리면서 예수께서 다시 오실 때까지 우리 안에서, 우리를 통해 일하시는 성령의 사역을 소중히 여기는 것. 그리스도인에게는 이것이 삶의 가장 큰 소명이다. 이 소명은 "그래, 나중에 생각해 볼게"라는 신소리로 일축할 수 있는 성질의 것이 아니다. 베드로는 우리에게 그런 선택권을 주지 않는다. 마땅히 기다려야 한다고 못 박는다. 대체 뭘 말인가? 예수 그리스도를 통해 하나님의 영원한 영광에 들어가게 하시기를 기다려야 한다! 베드로는 이어서 "잠시 동안(시간에 매인 우리에게는 꽤 길게 느껴지지만) 고난을 받은" 우리가 인내할 수 있도록 하나님께서 우리를 "친히 온전하게 하시고, 굳게 세워 주시고, 강하게 하시고, 기초를 튼튼하게 하여 주실 것"을 확신하며 기다려야 한다고 강조한다(벧전 5:10).

하늘나라에서 받게 될 위로는 '모래 위에 지은 집'이 아니다. 인생의 폭풍이 우리 내면과 우리 주변에 사납게 휘몰아치는 동안에도 우리가 계속 성장해서 예수를 닮아 가도록 튼튼하고 견고하게 지켜 주는 '바위 위에 지은 집'이다. 지금 내 귀에는 베드로의 음성이 들리는 듯하다.

> 나는 이 세상에서 지금 손에 넣을 수 있는 좋은 것들을 즐기는 일보다 더 가치 있는 포부 하나 없이, 뒤늦게 생각난 듯 주님의 재림을 소극적으로 기다리지는 않을 것이다. 무한히 넓은 세계를 내다보지 못하고 출생과 사망 사이에 끼어 사는 삶은 헛된 삶이요, 주변 사람들에게 하나님의 웅대한 이야기를 전하지 못하는 삶이다.

모세는 소극적으로 기다리지 않았다! 그렇다고 '공격적으로' 기다리지도 않았다. 모세의 첫 번째 목표는 하나님의 백성들의 생활 환경을 하루속히 개선하는 것이 아니었다. 오히려 그들의 삶에 관한 하나님의 계획을 받아들이고 따르도록 그들을 인도하는 것이 모세의 최우선 목표였다. 구약의 이스라엘 백성에게든, 그리스도의 십자가와 그분의 재림 사이를 살아가는 지대한 복을 받은 지금의 그리스도인에게든, 하나님이 기다리라고 당부하실 때 염두에 두셨던 기다림은 공격적인 기다림이 아니다.

맹렬한 열의를 품고 세상을 바꾸는 일에 저돌적으로 매달리는 것은 어리석고도 무의미하게 주님의 특권을 빼앗는 짓이다. 다시 오실 그날에 "내가 모든 것을 새롭게 한다"(계 21:5)라고 선언하신 분은 바로 예수님이다. 오해하지 않았으면 좋겠다. 굶주린 자들을 먹이고, 정처 없이 떠도는 자들에게 거처를 마련해 주고, 물이 부족한 곳에 깨끗한 물을 공급하고, 다리가 불편한 사람들에게 휠체어를 제공하고, 교통수단이 부족한 가난한 마을에 자전거를 마련해 주고, 의료 서비스가 거의 또는 아예 없는 지역에 전문 의료진과 현대 의학을 제공할 병원을 짓는 활동이 잘못되었다는 말이 아니다. 이는 모두 인정 있고 선하고 가치 있는 행동이다. 내 말은 이 세상에서 실천적인 면에서뿐만 아니라 도덕적인 면에서도 선을 행해야 한다는 뜻이다.

삶에 대한 열의가 이런저런 대의에만 쏠려 있으면, 기꺼이 고통을 감내하는 희생적 사랑과 다정한 태도로 사람들과 관계를 맺으라는 더 크고 더 어려운 소명을 이해하기 어려워진다. "하나님의 사랑이 우리 영혼에 스며들고 다시 우리에게서 스며 나와 다른 이들의 영혼에 스며들 때 우리가 어떤 사람이 될 수 있는지에 대한 비전을 품고 사람들과 관계를 맺으라"는 더 크고 더 어려운 소명을 이해하기가 어려워진다는 말이다. 하나님의 당부를 충실히 지킬 때, 우리는 비로소 사랑과 선한 일을 하도록 격려하기 위해 끊임없이 서로 마음을 쓰는 법을 배운다(히 10:24).

다시 모세 이야기로 돌아가자. 모세는 공격적으로 사회 개혁을 추진하는 열성분자가 아니었다. 모세가 하나님의 능력으로 메마른 광야에서 물을 공급한 것은 맞다. 모세가 지켜보는 가운데, 그의 감독 아래 이스라엘 민족이 하늘에서 내려온 만나를 먹은 것도 맞다. 그러나 황량한 광야에서 말도 잘 안 듣는 히브리 사람들과 40년을 함께 지내는 동안 좋은 일보다 힘든 일이 훨씬 더 많았던 것도 사실이다. 그런데 그 모든 굴곡을 겪으면서도 모세는 절대 그만두지 않았다. 성실하게, 비록 완벽하지는 않아도 결연하게, 하나님이 선택하신 민족이 약속의 땅에 들어가기까지 그들을 인도하려고 애썼다. 함께 본향을 향해 가는 동안 서로 격려하고 기운을 북돋는 것, 이것이 오늘날 우리에게 주어진 소명이다.

모세는 죽은 뒤에 받을 상, '더 큰 상'을 기다리되 소극적으로나 공격적으로 기다리지 않고, 적극적으로 기다렸다(히 11:26). 하나님은 오늘날의 그리스도인에게도 "바르게 사랑하며 오늘을 살면서 내일을 적극적으로 기다리라"고 당부하신다. 성경은 하나님의 이런 당부를 분명하게 기록하고 있다. 다음에 나오는 성경 구절을 함께 생각해 보자. 같은 메시지를 담은 구절이 여럿 있지만, 그 가운데 다섯 구절을 뽑았다.

*　*　*

"너는 주님을 기다려라. 강하고 담대하게 주님을 기다려라"(시 27:14).

어려움이 계속되고 꿈이 산산이 조각날 때도 인내하면서 적극적으로 기다리라는 말이다. 이 기다림은 소극적인 기다림도 공격적인 기다림도 아니다. 우리가 걷는 좁은 길에서는 기대에 어긋나고 실망스러운 일이 종종 일어난다는 사실을 명심하고, 씩씩하고 용감하게 기다려야 한다. 하늘나라에서 받을 큰 상을 기다리는 동안, 우리는 하나님의 웅대한 이야기를 적극적으로 진척시켜야 한다. '작은 예수들'로 빚어져 가는 과정에서 우리 몫을 다하고, 다른 사람들과 맺는 관계를 통해 주님의 사랑을 드러내는 '예수의 제자'로서 힘든 여정을 함께하며, 사랑의 기쁨을 발견할 수 있도록 서로 격려해야 한다.

"주님을 기다리며, 주님의 법도를 지켜라"(시 37:34).

우리는 주님이 인류 역사를 끝내고, 우리가 간절히 기대하던 큰 상을 우리에게 주시면서 하나님의 기쁨이 깊어지는 방식으로 영원을 펼치시기를 기다려야 한다. 위험이 전혀 없고 아름다움이 훼손되지 않은 세상에서 말 그대로 얼굴과 얼굴을 마주하고 그분과 함께 살아갈 날을 기다려야 한다. 그때까지 적극적으로 주님의 법도를 지켜야 한다. 예수께서 아버지가 계신 하늘나라로 올라가시기 전에 제자들에게 마지막으로 하신 명령을 지켜야 한다.

> 가서, 모든 민족을 제자로 삼아서 아버지와 아들과 성령의 이름으로 세례를 주고, 내가 너희에게 명령한 모든 것을 그들에게 가르쳐 지키게 하여라(마 28:19-20).

성령의 감화를 받은 바울은 이렇게 덧붙인다.

> 외부 사람들에게는 지혜롭게 대하고, 기회를 선용하십시오(골 4:5).

바울이 말한 기회는 무엇을 할 기회일까? 짐작건대, 복음을 전할 기회를 말하는 것이 아닐까? 한 가지는 분명하다. 우리는 개인의 편안함과 행복감을 우선시하며 살아서도 안 되고, 문화 변혁 및 개선에 우선순위를 두고 공격적으로 밀고 나가서도 안 된다. 주님이 다시 오실 '때'를 기다리면서 '지금' 주님의 법도를 지켜야 한다.

"주님께서 구원하여 주시기를 참고 기다리는 것이 좋다"(애 3:26).

이 구절은 힘겨운 삶을 조금 더 수월하게 만드는 일에 우선순위를 두고픈 유혹에 무릎 꿇지 않고 어려운 상황을 견디며 기다리길 바라시는 주님의 바람을 명확히 드러내는 구절은 아니다. 나는 지금 백혈병에 맞서기 위해 정맥에 약물을 투입하는 화학 요법 치료 병동에 앉아 이 글을 쓰고 있다. 내 힘겨운 삶이 조금은 더 수월해지길, 진심으로 간절하게 바란다. 여기에서 질문은, "그 외에 내가 무언가를 더 원하는가?" 하는 것이다. 화학 요법이 효과가 있든 없든, 의료진과 맺은 관계를 통해 하나님께 기쁨이 되고 싶은가?

위 성경 구절은 울 이유가 너무도 많아서 눈물 마를 날 없던 선지자 예레미야가 쓴 예레미야애가의 한 구절이다. 예레미야는 바빌로니아의 손에 멸망한 유다 민족에게 용기를 북돋기 위해 이 글을 썼다.

예레미야는 패배주의에 빠져 체념하며 태만해지지도 않았고, 정의를 요구하며 공격적으로 싸우지도 않았다. 하나님은 예레미야를 통해 이제 막 노예가 된 유다 민족에게 충실하게 살라고 말씀하셨다. 남의 나라에 잡혀간 그들에게 그 땅에 "집을 짓고 정착하여라"(렘 29:5)라고 말씀하셨다. 아직 주지 않으셨으나 구원을 약속하신 하나님을 믿고, 황량하기 짝이 없는 가슴 아픈 현실에 단단히 발을 붙이고 살라고 말씀하셨다. 하나님의 명령은 너무도 명확하다.

> 내일을 기다려라. 오늘은 아무것도 보채지 마라. 다만 오늘 하나님이 주시는 복을 누리며 살아라. 눈앞에 보이는 것이 축복이든 시련이든, 바르게 사랑하기 위해 오늘을 살아라.

"우리는 성령을 힘입어서, 믿음으로 의롭다고 하심을 받을 소망을 간절히 기다리고 있습니다"(갈 5:5).

이 구절을 읽으면 "선한 일을 여러분 가운데서 시작하신 분께서 그리스도 예수의 날까지 그 일을 완성하시리라"(빌 1:6)라는 말씀이 귓전을 울린다. 바울은 예수께서 다시 오시기 전까지, 지금 적극적으로 성령에 협력하라고 촉구하고 있다. 그리스도께서 다시 오셔서 우리가 그분을 뵙는 날까지, 만물이 아름답게 변화되는 영광의 그날까지, 조금씩 예수를 닮아 가도록 우리를 빚어 가시려는 성령과 늘 붙어 다니라고 촉구한다. 요점을 다시 정리하면, 하나님의 영과 발걸음을 맞춰 걸으며, 소극적으로나 공격적으로 말고, 적극적으로 기다리라는 말이다.

> 어떻게 해서 여러분이, 우상을 버리고 하나님께로 돌아와서 살아 계시고 참되신 하나님을 섬기며, … 그 아들 곧 장차 내릴 진노에서 우리를 건져 주실 예수께서 하늘로부터 오시기를 기다리는지(살전 1:9).

우리로 하나님에게서 멀어지게 하고 소소한 우리 이야기에 집중하게 하는 것이 무엇이든, 우리의 출생과 사망 사이에서 살아가는 이야기는 '우상'이다. 하나님의 사랑 안에서 쉼을 얻는 것을 소극적으로 하나님을 섬기는 것으로 오해할 때, 즐거운 인생을 꿈꾸며 쉽게 사는 것은 곧 우상이 되고 만다.

경건한 사역이 이 세상 문화를 변혁하려는 열광적인 결의로 변할 때, 이 세상에서의 삶을 더 편안하고 번창하고 더 공정하게 만드는 데 우선순위를 두는 결의로 변할 때, 선교 사역은 결국 우상이 되고 만다. 설사 더 도덕적인 세상을 만들기 위해 노력한다고 해도 마찬가지다. 집과 교회와 병원을 짓는 선교 여행은 분명 좋은 일이다. 빈곤에 허덕이는 지역 사회를 긍휼히 여기시는 주님의 마음을 본받는 행위라 할 수 있다. 그러나 하나님은 우리가 그곳에서 이런저런 일을 할 때보다 그 지역 선교사들이나 주민들과 아름다운 관계를 맺을 때 더 기뻐하신다. 이는 관계를 소중히 여기시는 예수의 성품을 보여 준다. 기억하라. 우리는 사랑과 선한 일을 하도록 서로 격려하기 위해 서로 마음을 쓰라는 권면을 받았다(히 10:24). 사랑이 '먼저'고, 선행은 '그다음'이다.

관계 속에 계시는 삼위 하나님을 가장 잘 경배하는 길은 영적인 면에서나 관계적인 면에서 우리 마음과 영혼과 생각을 빚어 가시는 성령의 사역, 더디고 그래서 때로는 고통스럽기까지 한 성령의 사역에 적극적으로 우리 자신을 내어 맡기는 것뿐이다. 그러면서 예수께서 새 하늘과 새 땅에 사회 정의를 구현하시길 간절히 기다려야 한다. 구원받은 사람들은 그때 비로소 흠 하나 없는 아름다움 가운데, 행복한 결실과 안식이 있는 공동체에서, 기다릴 가치가 있는 영원 안에서, 타락하지 않은 그리스도의 형상으로 영원히 살아갈 것이다.

위에 언급한 다섯 개의 성경 구절과 더불어 비슷한 다른 구절들을 묵상하면 할수록, 하나님이 우리에게 하시는 당부가 명확해진다.

> 우리는 주님이 다시 오시길 기다리되,
> 소극적으로나 공격적으로가 아니라
> 적극적으로 기다려야 한다.

* * *

모세는 이 당부를 따랐다. 그는 이집트에서 40년간 호화로운 삶을 소극적으로 즐기며 살았다. 그러나 끝없는 영혼의 갈증은 결코 해갈되지 않았다. 사실, 모세는 하나님의 선택을 받고도 부당하게 노예살이하는 자기 민족을 위해 조금이나마 정의를 구현하고자 공격적으로 애쓰기도 했다. 그러나 결국에는 하나님의 백성들을 향한 하나님의 신비한 뜻을 충실히 따름으로써 하나님께 기쁨이 되라는 더 고귀한 부르심을 받아들였다. 모세는 편안히 앉아서 소극적으로 하나님을 기다리거나, 적절하지 않은 시기에 하나님의 백성들을 에워싼 주변 환경을 뜯어고치려고 애쓰면서 공격적인 자세로 기다려서는 영원한 선善이 찾아오지 않는다는 사실을 나이 마흔에야 깨달았다. 당연히 하나님을 통해서였다. 드디어, 인생을 바꿀 결정을 내릴 준비가 된 것이다. 결단을 내린 뒤에는 40년간 하나님이 인도하시는 대로 따랐다. 일을 하고 가족을 돌보면서 하나님이 마음에 품으신 일은 무엇이든 적극적으로 기다리고, 영원히 의미 있는 삶을 살기를 고대하면서 말이다.

이제, 마흔 살의 모세가 날로 성숙해진 놀라운 증거를 살펴보도록 하자. 모세는 여든 살에 인생의 마지막 40년을 시작할 준비를 할 만큼 성숙해졌고, 하나님의 당부를 충실히 지키면서 큰 상을 적극적으로 기다리며 수십 년에 걸친 어려움을 견뎠다.

5.
모세가 거절한 것

존 찰스 라일은 《거룩Holiness》이라는 책에서 모세의 삶 가운데 첫 번째 40년이 끝날 무렵을 살펴보며 통찰력 있는 교훈을 몇 가지 끌어낸다.[1] 그가 이 교훈을 찾아낸 성경 본문은 히브리서에 실린 의미심장한 세 절이다. 1877년에 라일이 기록한 각각의 교훈은 새롭게 살펴볼 가치가 있다. 이 구절은 하나님을 잘 기다린 신자의 모습을 함께 묘사한다.

다음 세 절을 함께 읽어 보자.

> 믿음으로 모세는, 어른이 되었을 때에, 바로 왕의 공주의 아들이라 불리기를 거절하였습니다. 오히려 그는 잠시 죄의 향락을 누리는 것보다 하나님의 백성과 함께 학대받는 길을 택하였습니다. 모세는 그리스도를 위하여 받는 모욕을 이집트의 재물보다 더 값진 것으로 여겼습니다. 그는

장차 받을 '상'을 내다보고 있었던 것입니다(히 11:24-26).

몇몇 번역판에서는 이 '상reward'을 '큰 상great reward'으로 번역하기도 했다.[2]

모세는 무언가를 거절하고 무언가를 선택했다. 모세의 행동은 놀랍기도 하거니와 직관에도 어긋나고, 고대 문화와도 현대 문화와도 어울리지 않는다. 먼저, 모세가 거절한 것부터 살펴보자.

* * *

첫째, 모세는 권력과 특권이 평생 보장된 '이집트 왕자'라는 자리를 포기했다. "하나님이 나를 위해 더 나은 것을 염두에 두고 계신다"라는 믿음, 이 한 가지 때문이었다.

바로의 딸은 급조한 뗏목처럼 생긴 갈대 상자가 나일강에 떠내려오는 것을 보고 아기 모세를 구했을 뿐만 아니라(출 2:1-10), 모세를 자기 아들로 입양했다. 여러 역사학자의 말이 옳다면, 모세는 그녀의 하나뿐인 자식이었다. 따라서 바로의 궁궐에서 출세할 수 있는 위치였고, 어쩌면 할아버지의 뒤를 이어 왕위에 오를 수도 있었을 것이다. 권력과 명성이 그를 기다리고 있었다.

《포천Fortune》지 선정 400대 기업을 이끌 젊은 경영자나, 최고 수준의 프로 스포츠 팀과 수백만 달러의 계약을 체결한 젊은 선수나, 유명한 대형 교회를 이끌고 기독교계에서 전국적으로 인정받을 준비가 된 젊은 목회자를 떠올려 보라. 이렇듯 영향력 있고 명망 있는 기회를 잡는 것은 설령 위험할 수는 있을지언정 잘못된 일은 아니다. 만약 하나님이 그 젊은이를 다른 자리로, 그러니까 방금 언급한 매력적인 기회가 방해로 작용할 만한 삶의 자리로 부르신 게 아니라면 말이다. 다른 자리로 부르시는 하나님의 부르심이 명확해진다면 어떨지 상상해 보라. 선하시고 사랑이 많으신 하나님이 이렇게 재능 많고 인기 있는 나를 '더 시시한' 자리로 인도하실 리가 없다고, 자신을 설득하고픈 강렬한 유혹을 느끼지 않을까?

히브리서는 이제 마흔 살인 모세를 두고 '어른'이 되었을 때 '믿음으로' '바로 왕의 공주의 아들이라 불리기를 거절'했다고 말한다. 그리고 모세가 모든 특권을 포기한 것을 두고 '이집트 왕자'라는 신분을 '노예살이하는 민족의 형제'라는 신분과 맞바꾼 것이라고 말한다. 모세는 자기 인생을 향한 더 고귀한 부르심을 감사히 받았지만, 당시에는 자기가 노예 중 한 명이 되리란 사실만 알고 있었다. 이는 오늘날 그리스도인들이 영광으로 가득 찬 운명을 향해 나아가는 예수 그리스도의 노예가 되도록 부름을 받는 것과 비슷하다.

모세를 두고 부유함과 안락함보다 가난함과 비참함을 더 좋아하는 '자기혐오에 빠진 마조히스트'라고 진단하는 심리학자의 말에 귀를 기울여서는 안 된다. 이후 80년간의 삶, 특히 마지막 40년간의 삶은 굳건하게 하나님을 경외하던 모세가 하나님이 생각해 두신 가장 좋은 것을 기다리고 있었음을 분명히 보여 준다. 그는 좁은 길로만 가는 인생 여정이 처음에는 고생스러워도 나중에는 영광이 되리란 걸 알고 있었다.

모세는 죽기 전 마지막 숨을 들이쉴 때까지, 심지어 자신의 삶이 너무나 큰 실망으로 끝을 맺을 때도, 하나님이 준비해 두신 상보다 더 좋은 상은 없다고 믿었다. 모세는 약속의 땅을 바라보며 죽었고, 그 땅에 들어가지는 못했다. 그런데도 그는 자기 없이 요단강을 건너 가나안에 들어갈 채비를 하는 이스라엘을 축복하며, 끝까지 하나님의 백성들을 돌보다가 죽었다.

모세는 현대 그리스도인들을 꾸짖고, 또 격려한다. 하나님이 우리를 어떤 삶으로 부르시는지 진지하게 생각하지 않고 스스로 만족할 만한 생활방식을 댓돌같이 고집할 때, 우리는 우리가 중독되어 있음을 스스로 드러내는 셈이다. 중독의 대상이 알코올이나 포르노가 아니라 자신의 안락함일 뿐이다. 하나님을 알고픈 갈증, 사람들과 맺는 관계를 통해 그들도 하나님을 알게 하고픈 갈증과는 비교도 안 될 만큼 시시한 갈증을 해소하고 싶은 욕구에 중독된 것이다. 우리는 하나님 대신 다른 행복에 중독되어 버린 자신을 발견하곤 한다. 비록 대가가 크긴 하나 하나님의 웅대한 이야기에 참여하는 더없는 특권 대신, 행복을 느끼게 해 주겠다는 다른 원천에 어느새 중독되어 버린 자신을 발견한다. 우리는 하나님이 우리를 위해 계획해 두신 가장 멋진 길을 외면하고, 그 힘겨운 인생길이 실제로 가장 좋은 길이었음이 증명될 그날을 기다리지 않는다.

모세는 우리에게 영혼을 만족시킬 다른 길로 하나님이 우리를 부르신다는 사실을 깨달으라고 격려한다. 뭇사람이 탐내는 권력과 특권, 세상일에 영향력을 행사해 자긍심을 드높일 능력 따위를 멀리하라고 경고한다. 그것이 하나님의 종으로서 자유롭게 사는 길이라고 말이다. 모세는 믿음으로 기다렸다. 하나님을 믿기로 선택하자 하나님의 길이 정말로 최고의 길이라는 확신이 생겼다.

둘째, 히브리서는 모세가 '잠시 죄의 낙을 누리는 것'을 거절했다고 말한다.

쾌락을 안겨 주는 죄에 빠지고 싶은 강렬한 욕구를 거절하도록, 비록 일시적이기는 해도 극도로 만족스러운 탐닉을 거절하도록, 중독자를 설득하고 힘을 불어넣는 것은 과연 무엇일까? 이 질문은 다른 장에서 다룰 생각이다. 지금은 모세가 사람들 눈에 불가능해 보이는 일, "잠시 죄의 낙을 누리는 것을 거절했다"는 사실에만 주목하려 한다. 당연히 이집트 정부의 높은 양반들은 그런 자제력을 발휘하지 않았다. 그들은 섹스와 술을 비롯해 본인이 즐기고 싶은 쾌락을 마음껏 즐겼다. 모세도 어렸을 적, 그러니까 '어른'이 되기 전에는 그런 쾌락에 손을 뻗었을까? 아마도 그랬던 것 같다. 성령의 영감을 받아 히브리서를 쓴 기자는 '중년에 이른' 모세가 덧없는 쾌락을 거절했다고 우리에게 알려 준다. 이 말은 모세가 더 어렸을 때는 덧없는 쾌락을 거절하지 않았다는 의미가 아닐까?

　결정을 내려야 하는 위급한 순간에, 성적 쾌락과 약물에 취해 들뜬 기분이나 그 밖에 즉각적으로 위안을 얻을 수 있는 여타 통로가 갈증을, 그것도 우리가 가장 풀고 싶은 바로 그 갈증을 해소해 줄 거로 생각하게끔 속임으로써 하나님을 외면하고 죄에 빠지게 하는 것, 이것이 악마가 쓰는 가장 교활한 전략 중 하나다. 사악한 지혜를 지닌 사탄은 이 속임수가 잘 통하게끔 "하나님의 사랑을 다른 이들에게 전하고 싶을 만큼 그 사랑을 충분히 알기만 해도 진정한 기쁨을 맛볼 수 있고, 그러면 그렇게 결정적인 순간에 우리 영혼 가장 깊은 곳에서 솟아나는 갈증을 해갈할 수 있다"는 사실을 우리가 깨닫지 못하게 한다.

더구나 우리 안에서 일하시는 성령의 열매로만 맛볼 수 있는 기쁨은 완전하지도 않고 그리 오래가지도 않는다. 아픔은 그대로 남아 있다. 죄와 거룩은 여전히 우리 안에서 격렬하게 싸운다. 두려움, 상처 입은 마음, 불안, 성가신 죄책감은 절대로 완전히 사라지지 않는다. 불확실한 미래가 우리를 계속 괴롭힌다. 그리고 우리는 그 모든 걱정에서 벗어나길 갈망한다. 바로 이것이 악마가 쥔 비장의 카드다. 우리가 자주 빠지는 중독이 주는 쾌락은 바로 안도감이다. 필요하다면 잠시나마 중독성 쾌락을 다시 탐닉해야 할 것 같은 생각이 든다.

하나님의 사랑을 받은 히브리인 모세가 이집트에서 언제든 손에 넣을 수 있었던 덧없는 죄의 낙은 절대로 줄 수 없는 만족을 갈망했다고 가정해 보자. 그렇다 하더라도 유혹은 아주 거셌을 것이다. 어린 시절부터 마흔 살까지 모세가 어떤 즐거움을 누렸을지 생각해 보라. 성적 쾌락에 취하고, 독한 술을 마시고 알딸딸한 기분에 휩싸이고, 고운 옷의 매력에 빠지고, 평범한 사람들에게 존중받으며 자긍심을 느끼고, 호화롭게 꾸민 집에서 비길 데 없는 안락함을 느꼈을 것이다. 털을 곱게 손질하고 화려한 장신구를 얹은 말들이 끄는 최신형 마차를 타고 다닐 때면 홀린 듯 뒤돌아보는 사람들의 시선을 즐겼을 것이다. 최상의 의료 서비스를 받을 뿐만 아니라 정기적으로 왕을 알현하고 왕에게 총애를 받는다는 뿌듯함에 괜히 으쓱했을 것이다. 이 모든 즐거움과 그 이상의 쾌락이 이집트 왕자 모세의 몫이었다.

그렇다면 하나님의 영이 하늘에서 모세를 위해 쓴 인생 계획을 손에 들고, 훼손되지 않은 채 잠들어 있던 모세의 영혼 한 구석에 침투하여, 채워지지 않는 갈망으로 인한 기진맥진함을 모세에게 알게 하셨다고 가정해도 될까? 모세는 그가 이집트에서 기분 좋게 즐기던 것들이 모두 덧없는 쾌락에 불과하다는 사실을 깨달을 준비가 되어 있었을까? 영혼을 만족시키는 기쁨으로 착각했으나 실은 덧없는 죄의 낙에 불과하다는 걸 깨달을 준비가 되어 있었을까? 기뻐할 가치도 계속 탐닉할 가치도 없는 중독일 뿐임을 깨달을 준비가 되어 있었을까?

그런 덧없는 쾌락이 복이 아니라 덫이라는 사실을, 자기 영혼을 좀먹는 죄의 낙이라는 사실을 알아차리려면 영적 분별력이 필요한 법이다. 하나님은 우리 각 사람의 삶 속에서 우리를 빚어 가시듯, 모세가 자신의 운명을 받아들이도록 일하고 계셨다. 그러니 삶이 너무 바쁘거나 너무 소란스러워서 우리 안에서 일하시는 성령을 알아채지 못한다면, 이 얼마나 슬픈

일인가.

모세는 자기가 경험하려 했던 기쁨이 전적으로 하나님의 계획 속에 있다는 사실을 깨달았다. (우리 역시 이 사실을 깨달아야 한다.) 그 기쁨은 다름 아닌 하나님이 하시는 일이었다. 그래서 모세는 기다렸다! 진정한 예수의 제자로 살려면, 우리 역시 기다려야 한다.

셋째, 모세는 물질적 부에 등을 돌렸다. 이집트의 재물로 호화롭게 살기를 거부했다.

어마어마한 부자 할아버지를 둔 모세는 바로의 양손자로서 스크루지 맥덕Scrooge McDuck*처럼 날마다 금고에 쌓이는 금을 세며 살 수 있었다. 은행 계좌에 돈이 가득하니, 원하는 것을 사지 못할까 걱정할 필요가 없었다. 서구 문화권에 사는 많은 사람이 그러듯이, 온갖 청구서를 다 처리하고도 고급 레스토랑에서 저녁 식사를 즐길 여유가 있을 정도로 넉넉하면 당연히 기분 좋을 것이다. 놀랍도록 편안하고 걱정 하나 없는 인생을 살고픈 소망을 포함하여, '모든' 소망을 다시 오실 예수께

---

* 도널드 덕의 삼촌이자 디즈니 만화 세계에서 가장 부자인 캐릭터.

두지 않는 한, 우리는 지금보다 더 적게 누리며 살라는 하나님의 부르심에 쉽게 끌리지 않을 것이다.

엄청난 부자부터 극빈층에 이르기까지, 어떤 재정 상태에 있는 사람이든 가욋돈을 손에 쥘 기회가 있다면 거리낌 없이 그 기회를 움켜잡을 것이다. 가난한 사람들은 돈을 원한다. 부자들은 대개 더 많은 돈을 원한다. 이집트 왕자로서 모세는 당연히 부를 누렸을 것이다. 그런데 그 부를 빈곤과 바꾸었다. 이유가 뭘까? 하나님의 부르심에 응답하려면 그렇게 해야 했기 때문이다. 모세는 하나님이 쓰신 인생 대본에 따라 하나님의 웅대한 이야기를 전함으로써 하나님과 교제하며 삶의 의미와 기쁨을 발견하는 '상을 기대하고' 있었다.

여기에서 우리가 주목해야 할 사실이 있다. 모세는 하나님이 만드신 갈망, 즉 행복해지고 싶은 갈망을 외면하지 않았다. 그러나 물질적 부를 포함하여 온갖 잘못된 곳에서 행복을 찾으려는 시도를 멀리했다. 분명히, 모세는 "행복은 돈으로 살 수 없다"는 격언, 너무 많이 들어서 지겹지만 그래도 사실인 이 격언을 굳게 믿었다. 적어도 하나님이 우리가 가장 많이 누리길 바라시는 행복이 돈은 아니라고 믿었다.

모세는 전혀 다른 방향으로 인생행로를 돌렸다. 당시와 현재의 구경꾼 대다수에게 그 길은 괴로움으로 이어질 게 분명해 보이는 길이었다. 믿음으로, 오직 믿음으로 모세는 그렇지 않다는 사실을 깨달았다. 세상의 기준으로 보면 그의 인생 마지막 40년은 실로 비참했다. 모세 자신도 비참하다고 느꼈을 게 분명하다. 그런데도 모세는 자기가 섬기는 하나님이 자신의 영혼이 행복해지게끔 있는 힘을 다하고 계신다고 여전히 확신했다. 그렇지 않았다면 어떻게 계속 기다릴 수 있었겠는가?

우리는 모세의 삶에 선명하게 드러난 예수의 가르침을 놓치지 말아야 한다.

> **행복으로 가는 길은, 그리스도인의 영혼에 기쁨과 소망이 가득한 행복으로 가는 길은 어느 정도의, 가끔은 견디기 힘들 정도의, 고생과 피로와 불안으로, 더불어 천국에서만 완전히 채워질 깊디깊은 갈증으로, 끈기 있고 기쁨에 찬 소망을 불러일으키는 갈증에 대한 자각으로 우리를 안내한다.**

하나님을 따라 사는 신자에게는 고통과 소망이 반드시 따라온다. 모세가 이 말에 격하게 동의하며 고개를 끄덕이는 모습이 눈에 선하다. 그는 이집트 왕자라는 높은 지위와 죄의 낙과 물질적 풍요를 거절했다. 그리고 더 큰 상을 기다렸다. 이제 모세는 하나님 앞에서 하나님과 함께 살면서 영원히 끝나지 않을 기쁨을 누리고 있다. 모세는 기다렸다. 그것은 매우 훌륭한 결정이었다.

이번 장에서는 모세가 무엇에 등을 돌렸는지 살펴보았다. 다음 장에서는 그가 무엇을 향해 발걸음을 내디뎠는지 살펴볼 생각이다. 모세는 예수께서 '좁은 길'이라고 부른 그 길 위에서 살기로 선택했다.

6.
모세가 선택한 것

히브리서 11장 24-26절에 기록된 모세의 인생에서 존 찰스 라일이 얻은 교훈을 계속 살펴보자. 모세는 마흔 살에 부유한 이집트를 떠나 미디안이라는 황량한 땅으로 갔다. 이때 모세는 우리 눈에 어리석어 '보이는' 세 가지 선택을 했다. 만약 하나님의 웅대한 이야기가 없다면, 출생과 사망 사이를 살아가는 우리의 소소한 이야기가 전부라면, 모세의 선택은 참으로 어리석은 선택이었을 것이다. 그러나 하나님이 영원 전에 시작하셨고 영원한 미래에 영원히 계속될 웅대한 이야기를 지금 하고 계신다는 성경의 가르침을 믿으면, 모세가 왜 그런 선택을 했는지 충분히 이해가 된다. 하나님께 순종하는 삶이 원래 그렇다. 모세가 한 선택은 힘들어도 의미 있는 삶을 그에게 선사했고, 큰 상이 기다리는 길로 그를 인도했다. 앞 장에서 나는 라일의 말을 빌려, 멋진 삶으로 안내해 주리라고 대다수 사람이 기대하는 권력과 향락과 번영이라는 세 가지 기회를 모세가 거절했다고 말했다. 이번 장에서는 모세가 발걸음을 내디딘 세 가지 길을 살펴보려 한다. 그 길은 모세를 무섭고 힘들고 지치게 할 게 뻔한 길이었다. 그러나 히브리서 구절에 나타난 모세의 인생을 들여다보면, 비록 무섭고 힘들고 지치긴 했어도 하나님이 모세를 위해 쓰신 이야기를 들려주는 삶이었다는 사실을 알 수 있다. 돌이켜 보면, 모세가 한 세 가지 선택은 현명한 선택이었다.

* * *

첫째, 모세는 고통, 불행, 모욕을 선택했다. 히브리서의 표현을 빌리자면, 학대받는 길을 택했다.

모세는 양조부인 바로가 좋아하지 않으리란 걸 알고도 그 길을 선택했다. 모세는 이집트 시민을 상대로 히브리 노예의 편을 들었다. 그리고 동족인 히브리 사람을 때리는 이집트 사람을 죽였다(출 2:11). 모세는 자기 민족, 곧 하나님이 선택하신 백성을 지키고 보호하고 싶었다. 어쩌면 모세는 그때 자기가 히브리인을 노예살이에서 해방하는 첫발을 떼고 있다고 생각했을지도 모른다. 이집트 왕자이니 그런 일을 할 자격이 있다고 여겼을 수도 있다. 어쩌면 모세는 이집트 사람을 죽였을 때 바로의 눈 밖에 날 줄 알았을 것이다. 그러나 자기가 도우려고 했던 히브리 사람들이 자기를 괴롭게 할 줄은 전혀 예상하지 못했을 것이다. 그런데 바로 그 히브리인들 때문에 괴로움을 당했다.

바로는 이집트에서 풍족하게 살며 좋은 음식을 먹고 훌륭한 교육을 받은 모세에게 심한 배신감을 느꼈다. 그래서 자기 뒤를 이어 왕이 될 가능성이 있는 손자를 죽이고 싶어 했다. 바로의 의중을 안 모세가 과연 깜짝 놀랐을까? 그랬을 것 같지 않다.

대신 모세는 동족인 히브리인들이 자기를 지지하리라 기대했을 것이다. 아마 하나님도 자기를 지지하시리라고 기대했을 것이다. 그러나 모세는 누구에게도 지지를 받지 못했다. 이집트인을 죽인 다음 날, 모세는 히브리인 두 명이 싸우는 모습을 보고 싸움을 말리려고 나섰다. 꽤 합리적으로, 먼저 싸움을 건 남자에게 물었다.

"당신은 왜 동족을 때리오?"(출 2:13)

그러자 남자가 대답했다.

"누가 당신을 우리의 지도자와 재판관으로 세웠단 말이오? 당신이 이집트 사람을 죽이더니, 이제는 나도 죽일 작정이

오?"(출 2:14)

히브리인을 노예살이에서 해방하고 그들이 잘 지낼 수 있게 도우려던 일은 시작부터 삐거덕거렸다. 모세가 스스로 선택한 그 일은 그렇게 시작부터 내리막길로 접어들었다.

40년 뒤, 모세는 이스라엘 민족을 약속의 땅으로 인도하기 위해 광야에서 그들과 함께 살았다. 어려운 상황에 맞닥뜨리자 많은 사람이 불만을 터트렸다.

> 모세는, 백성이 각 가족별로, 제각기 자기 장막 어귀에서 우는 소리를 들었다(민 11:10).

그들이 우는 소리가 정말로 모세의 귀에 들렸다. 그러자 모세는 주님께 소리쳤다.

> 저 혼자서는 도저히 이 모든 백성을 짊어질 수 없습니다. 저에게는 너무 무겁습니다. 주님께서 저에게 정말로 이렇게 하셔야 하겠다면, 그리고 제가 주님의 눈 밖에 나지 않았다면, 제발 저를 죽이셔서, 제가 이 곤경을 당하지 않게 해주십시오(민 11:14-15).

바로는 그보다 몇 년 전에 모세가 죽기를 바랐다. 이제 모세는 동족인 히브리인에게만이 아니라 자기가 섬기는 하나님에게도 가혹한 대우를 받고 있다고 느꼈다.

요즘 그리스도인 중에도 비슷하게 느끼는 이들이 많다. 바로로 대표되는 이 세상은 점점 더 기독교에 적대적이다. 때로는 교회에서조차도 동료 신자들이 우리가 흔히 '학대'라고 부르는 방식으로 다른 신자들을 대한다. 그리고 교회를 통해 말씀하신다는 하나님은 그리스도인들이 경험하는 아주 실제적인 문제에 전혀 관심이 없으신 듯하다. 세상에서 박해받고, 교회에서 동료 그리스도인에게 구박받고, 종종 기독교 지도자들에게도 괄시받는데, 보아하니 하나님에게도 학대받는 것만 같다. 이 정도면 뭇 그리스도인들이 틀에 박힌 기독교에 흥미를 잃기 충분하다.

얼마 전, 우연히 만난 한 남자가 전에 내가 책에 쓴 내용을 아직도 믿느냐고 내게 물었다. 나는 그렇다고 대답한 뒤, 누가 봐도 도전적인 질문을 하는 이유를 물었다. 그는 약간 적대적인 태도로 곧장 이렇게 답했다.

"기독교에서는 우리를 항상 선으로 대하시는 하나님이 부서진 꿈을 기쁨으로 인도하신다고 말하죠. 저도 전에는 부서진 꿈에 관해 기독교가 하는 얘기를 다 믿었습니다. 심지어 교회학교에서 아이들을 가르치고, 교회 장로로 봉사하기도 했습니다. 그러나 하나님은 제게 세상 전부였던 한 가지 기도에 응답하지 않으셨습니다. 동료 장로들은 주님을 기다리라고, 기다리면서 결국 어떤 선한 결과가 나오는지 보라고 나를 격려하더군요. 그런 일은 일어나지 않았습니다. 이 얘기를 하고 싶네요. 하나님이 있다면, 그분은 신뢰할 가치가 없는 분입니다. 저는 이제 기독교와도, 교회와도, 그리스도인들과도 인연을 끊었습니다."

어떤 이들은 좀 더 조용히 돌아선다. 이 남자 같은 이들도 분명히 있을 것이다.

이런 의문이 든다. 모세가 앞으로 벌어질 일을 알았더라면, 그는 과연 고난으로 점철된 길을 선택했을까? 하나님에게 확실한 도움을 받지도 못한 채 그런 학대와 수모로 이어진 길을 과연 선택했을까? 예수께서는 우리가 걸어가길 바라시는 인생길이 비좁다고 말씀하셨다. 비좁다는 말은 힘들고 괴롭다는 뜻이다. 그 길이 얼마나 비좁을지 알았더라면, 비좁은 길을 걸으라는 그리스도의 부르심에 나는 과연 관심을 기울였을까? 예수를 구세주로 알고 그분을 따르고 싶은 마음에 '감사'가 넘치기보다는 어쩔 수 없이 기독교 옆에 '붙어' 있다는 느낌이 들 때가 더러 있다.

나도 이제 노년이 되었다. 세월이 흐를수록 늘어만 가는 고난 때문에 죽을 때까지 하나님과 다른 사람들을 사랑하며 살다가 생을 잘 마무리하고픈 소망을 행여 저버리지는 않을까? 예수께서 다시 오실 때 일어날 일을 간절히 기다릴 수 있을까? 그때까지 내가 계속 성실하게 믿음을 지킬 수 있을까?

언제나 그렇듯이, 예수께서는 우리의 본이시며, 우리의 연약함을 이해하시고 가엾게 여기시는 우리의 대제사장이시다. 모든 점에서 우리와 마찬가지로 시험을 받으셨지만, 죄는 없으시기 때문이다(히 4:15). 겟세마네 동산에서 기도하실 때까지 우리 주님도 자기가 얼마나 끔찍한 고난을 겪을지 완전하게는 알지 못하셨다. 갈보리 언덕에 이르러서야 모든 게 명확해졌다. 그래도 예수께서는 기다리셨다! 예수께서는 당신이 부활하신 뒤에, 승천하신 뒤에, 교회와 세계의 역사가 수천 년 흐른 뒤에, 당신이 만물을 새롭게 하러 다시 오실 때 무슨 일이 일어날지 알고 계셨다.

하나님을 믿는 신앙을 인내로 실증하는 모든 그리스도인은, 온 힘을 다해 오늘을 성실하게 살며 내일을 기다리는 모든 그리스도인은 얼마간 그리스도를 위하여 '고난을 받는 특권'을 받을 것이다(빌 1:29). 혹시 전혀 바라지 않는 특권인가? 별로 달갑지 않은가? 과연 우리가 견딜 수 있을까? 다가올 영광을 바라며 기다릴 수 있을까? 기다림은 절대 쉽지 않다.

생이 끝나 갈 무렵, 베드로는 우리에게 "지금 잠시동안 여러 가지 시련 속에서 어쩔 수 없이 슬픔을 당하게 되었다 하더라도"(벧전 1:6) 놀라운 기쁨이 우리 앞에 있다고 말했다. 베드로가 '잠시'라고 생각한 시간이 우리에게는 길게 느껴질 수 있다. 길고 힘든 인생의 계절을 반갑고 짧은 계절로 바라보는 시각을 갖는 데는 다음 두 가지 진리가 도움이 될 것이다. 첫째, 우리 인생이 단순히 출생과 사망 사이를 살아가는 삶이 아니라 십자가와 재림 사이를 살아가는 삶이라고 생각하면, 우리가 망가진 세상에서 망가진 사람으로 보내는 시간은 영원한 삶과 비교하면 정말로 짧아 보일 수 있다. 예수께서 다시 오시는 그 때, 완전히 치유된 세상에서 완전히 치유된 사람으로 살아가는 삶이 시작된다. 둘째, 우리가 '잠시' 최악의 시간을 보내는 중에도 우리 영혼 안에서 하나님의 영이 중요한 일을 끊임없이 하고 계신다는 사실을 믿어도 좋다.

믿음으로 모세는 광야 생활이 얼마나 순탄한지가 아니라, 만고불멸의 하루 동안 자기가 누릴 큰 상에 소망을 두었다. 모세는 자기가 가장 원하던 것으로, 자기 영혼이 가장 갈망하던 것으로 하나님이 결국 자기를 축복하시리라고 확신했다. 그래서 기다렸다! 모세는 자기가 무엇을 가장 목말라하는지 알고 있었다.

둘째, 모세는 멸시당하고 망가진 사람들과 함께하기로 선택했다.

모세 시대에 이스라엘은 포로로 잡힌 민족이었다. 그 땅에서 그들은 한낱 재산으로 취급되었다. 그런데도 모세는 왕실의 일원이라는 지위를 버리고 누더기를 걸친 노예들과 함께하기로 선택했다. 이집트를 떠난 뒤에도 40년간 비교적 편안하게 살았지만, 하나님의 명령에 따라 자기 민족에게 돌아갔고 이후 40년간 그들과 함께했다. 외부의 적의와 내부의 반역으로 점철된 세월이었다. 모세는 그렇게 힘든 삶을 선택했다.

당연히 모세도 힘이 들었다. 더러 화를 내기도 했다. 마실 물이 없자 이스라엘 회중은 모세와 아론을 비방하며 소리쳤다.

> 어쩌자고 당신들은 주님의 총회를 이 광야로 끌고 와서, 우리와 우리의 가축을 여기에서 죽게 하는 거요? 어찌하여 당신들은 우리를 이집트에서 끌어내어, 이 고약한 곳으로 데리고 왔소?(민 20:4-5)

그때 하나님은 모세에게 "저 바위에게 명령하여라. 그러면 그 바위가 그 속에 있는 물을 밖으로 흘릴 것이다"(민 20:8)라고 말씀하셨다. 이전에 하나님은 물이 필요할 때 바위를 치라고 말씀하셨었다. 이번에는 모세가 거역했다. 사람들에게 넌더리가 났기 때문이다.

> 모세가 그들에게 말하였다. "반역자들은 들으시오. 우리가 이 바위에서, 당신들이 마실 물을 나오게 하리오?" 모세는 팔을 높이 들고, 그의 지팡이로 바위를 두 번 쳤다. 그랬더니 많은 물이 솟아나왔고, 회중과 그들의 가축 떼가 마셨다(민 20:10-11).

다시 소리치는 모세의 목소리가 귓전을 때리는 듯하다.
"저기다! 가서 마셔라. 징징대는 불평꾼 놈들아."
감정을 분출하면 그 순간은 기분이 좋을 수 있다.
그러나 감정을 억누르지 못하고 분출하는 것도, 하나님의 명령을 거역하는 것도 모세의 평소 행동이 아니었다. 순간 자제력을 잃긴 했지만, 모세는 오늘날의 많은 그리스도인과 달리 '기분 풀이'에 중독되지 않았다. 모세는 매일 자기를 짜증 나게 하는 사람들을 계속해서 섬겼다. 그가 그렇게 하길 하나님이 원하신다는 단순한 이유 때문이었다. 모세는 성실하게 오늘을 살면서 내일을 기다렸다.

우리는 지금도 "누구랑 어울리는지를 보면 그 사람을 알 수 있다"라는 말을 가끔 한다. 이 말에 따르자면, 모세는 고집 센 히브리인들과 함께 살기로 선택한 탓에 바보가 되어 버렸다. 어리석은 선택을 한 사람이 되어 버렸다. 생이 단 한 번뿐이고, 죽음 이후에 더 나은 생이 우리를 기다리고 있지 않다면, 그는 바보가 맞다.

80세부터 120세까지 인생의 마지막 40년, 흔히 '황혼기'라고 일컫는 이 시간을 자기는 들어가지도 못할 멋진 땅으로 그 짜증 나는 사람들을 인도하며 보냈다는 사실을 생각하면, 모세의 선택은 정말 정말 어리석어 보인다. '출생에서 사망'까지 일생의 관점에서만 보면, 모세는 이집트에 남았어야 했다. 이집트에서 계속 살았더라도 자기가 가진 지위와 자원을 이용하면 히브리 노예들의 짐을 충분히 덜어 줄 수 있었을 것이다. 그런데도 모세는 기다렸다! 지금, 모세는 자신의 선택을 눈곱만큼도 후회하지 않는다.

셋째, 모세는 질책과 비난을 선택했다. 굴욕적인 고통을 선택했다.

이집트 사람을 죽이고 미디안으로 몰래 도망칠 궁리 중이라는 소식을 들었을 때, 이집트인 친구들과 동료들이 모세에게 뭐라고 했을지 상상해 보라.

"왜 그렇게 멍청한 짓을 했어. 겨우 히브리 노예 편들자고 왕의 신하에게 맞서서 이 안락한 궁궐 생활을 내팽개칠 생각이야? 이 등신아! 넌 지금 목숨 걸고, 어딘지도 모르는 곳으로 가려는 거야. 너 지금 제정신이야?"

바로의 병사들 손에 잡혀 죽기 전에 도망칠 심산으로 서둘러 짐을 싸던 모세는 이런 말을 듣고 얼굴이 화끈거렸을 것이다.

아주 어릴 적부터 아이들은 타인에게 꾸지람 듣는 것을 겁낸다. 누구나 꾸지람을 들으면 굴욕감을 느낀다. 어른이 되면 어릴 때보다 감정을 잘 감추지만, 그렇다고 두려움이 없어지는 것은 아니다. 이 두려움은 일평생 사라지지 않고 우리 곁을 맴돈다.

그래서 우리는 자기가 한 어리석은 선택이 불러온 수치심에 영향을 덜 받기 위해 각자 할 수 있는 일을 한다. 하지만 그렇다고 아프지 않은 것은 아니다. 여전히 너무 아프다. 그래서 그리스도께서 우리를 사랑하시듯이 다른 이들을 사랑하는 일은 뒷전으로 미루고, 관계에서 비롯된 고통으로부터 자신을 보호하기 급급할 때가 많다.

우리는 '내가 나를 존중하려면 다른 사람들이 나를 존중해야 한다'라는 생각에 타인의 기대에 부응하려 애쓸 때가 많다. 질책을 받을 때 속이 상하기는 해도 마음이 완전히 무너져 내리지는 않으려면, 하나님의 사랑을 중심에 두고 살아야 한다. 그런데 그런 사람은 극히 드물다. 모세는 극히 드문 사람 중 하나였다.

예수께서는 모세보다 훨씬 많은 굴욕을 견디셨다. 3년간의 사역은 명명백백 실패한 듯 보였다. 겟세마네에서 그새를 참지 못하고 잠든 세 친구 덕에 고뇌는 더욱 깊어졌다. 빌라도 앞에 끌려가서는 매질과 조롱을 당했다. 골고다 언덕에서는 비할 데 없이 참혹한 일을 겪었다. 사람들이 그분의 얼굴에 침을 뱉고, 빈정대며 웃고, 잔인하게 조롱하고, 악의적으로 흉내 내며 놀렸다.

그러나 예수께서는 불평하지 않으셨고, 도리어 자기를 학대하는 자들을 용서하고 사랑하며 그 모든 굴욕을 견디셨다. 아버지께 열두 군단의 천사들을 자기 곁에 세워 달라고 청하지 않으셨다. 그분은 기다리셨다. 사람들이 힐책과 비난을 아무리 퍼부어도 '하나님의 아들'이라는 자신의 신분이 바뀌지는 않는다는 사실을 아셨기 때문이다. 예수께서는 당신이 부활하시고 승천하셨다가 이 땅을 다스리러 다시 오시는 그날, 이 땅에 계실 때 겪은 고난을 통해 어떤 일이 성취될지 알고 계셨다.

만약 이 땅에서 산 33년 동안만 성부 하나님에게 소망을 두었다면, 예수는 그저 동정이나 받는 피해자, 의미 없이 죽은 순교자에 지나지 않았을 것이다. 그러나 예수께서는 '깊이를 헤아릴 수 없는 사랑'과 '비할 데 없는 선'과 '놀라운 은혜'의 이야기가 펼쳐지고 있다는 확신을 절대 잃지 않으셨다. 예수께서는 그 클라이맥스가 값을 치를 만큼 충분히 가치 있다고 믿으셨다. 그래서 기다리셨다!

모세도 기다렸다. 그러나 하나님이 마침내 그를 부르셨을 때, 이집트 땅에서 이스라엘을 구출하고 선택받은 하나님의 백성을 약속의 땅으로 인도하라고 그를 부르셨을 때, 두려워서 저항한 것 또한 사실이다. 한때 모세는 이집트 왕자라는 자부심으로 이스라엘을 노예살이에서 해방할 해방자를 자처했었다. 그때 모세의 혈관에 흐르던 오만한 자신감을 하나님이 죄 없애 버리신 것일까? 미디안에서 보낸 40년 동안 자신감을 꺾어서 모세가 자기는 그렇게 엄청난 일을 맡기에 적합한 사람이 아니라고 느끼게 만드신 걸까? 확실히 그런 것 같다. 하나님의 일을 맡을 때 우리 영혼이 충만해지는 것을 느끼려면, 우리 안에 있는 자아와 자만심을 다 비워야 한다.

하나님은 화를 내면서까지 모세를 설득하셨고, 결국 모세는 하나님께 순종했다. 불타는 떨기나무가 모든 것을 바꾸어 놓았다. 모세는 하나님의 능력을 의지하여 이스라엘 백성을 이끌고 이집트를 나와 홍해를 건넜고 이제 시내산에 이르렀다. 그다음은? 자기들을 가나안 땅으로 인도하고자 하나님이 선택하신 인물이니 존경할 법도 한데, 이스라엘 백성은 그러지 않았다. 모세는 자기를 존경하지도 않는 사람들과 함께 40년간 광야를 떠돌아야 했다. 모세의 처지에 공감하는 목회자가 몇이나 될지 궁금하다.

그래도 모세는 견뎠다. 그리고 기다렸다. 만약 모세가 단순히 이스라엘 백성을 가나안으로 인도하는 것만이 아니라 자기도 약속의 땅에 들어가고 싶은 소망 때문에 그 길고 긴 인내의 시간을 견뎠다면, 무척 실망했을 것이다. 바위에 명령하라는 하나님의 말씀을 들었지만, 모세는 명령하는 대신 바위를 내려쳤다. 그 때문에 하나님은 약속의 땅에 들어가는 특권을 모세에게 허락하지 않으셨다. 꿈이 산산이 부서지면 꿋꿋이 인내하기가 정말로 어려운 법이다. 그런데도 모세는 참고 기다렸다.

'하나님의 사람 모세'는 죽기 직전에 가나안 땅 밖에서 자기 없이 곧 가나안으로 진격할 이스라엘 자손에게 '복'을 빌어 주었다(신 33:1). 아마도 슬픔과 소망 가운데 기다렸을 것이다. 약속의 땅에 들어갈 수 없다는 하나님의 말씀이 섭섭하고 실망스러워도 다가올 더 큰 상을 바라며 기다렸을 것이다. 기다린다는 것이 어떤 의미인지 잘 보여 주는 멋진 예다.

세상살이가 힘겨워질 때면 순종하던 삶을 멈추고 나만의 위안과 즐거움을 찾고 싶어진다. 그 유혹에 넘어가지 말라고, 하나님은 우리 각 사람에게 당부하신다. 인생의 꿈이 산산이 부서질 때일수록 믿음에 뿌리를 둔 굳센 마음으로 주님의 재림을 더 열렬히 기다려야 한다. 재림을 기다리면, 즐거운 위안거리를 찾아 여기저기 기웃대는 일을 그만둘 수 있다. 쉼이 다가오고 있다. 기쁨은 영원할 것이다.

* * *

우리가 단념할 수 없는 목마름을 해갈하기 위해 주님의 재림을 의미 있게 기다리고 있든, 기다리지 않고 슬픔을 마비시킬 위안거리를 찾아 즐기고 있든, 혹은 지금 누리는 복만으로도 충분히 행복한데 굳이 기다릴 필요가 있을까 생각할 만큼 어리석든, 그래서 자아 중독에 맞서 싸울 생각조차 하지 않든, 모세는 우리가 충분히 할 수 있는 일을 하라고 말한다.

기다려라!

모세가 걸어간 길을 따라가야 한다. 무엇보다 예수께서 걸어가신 길을 따라 걸어야 한다. 기다려야 한다.

그런데 이쯤에서 떠오르는 질문이 하나 있다.

"기다릴 힘을 얻으려면 우리 안에 무엇이 필요할까?"

이 질문에 답을 얻으려면, 다음 장을 계속 읽어라.

2부

기다림이 가능하긴 한 걸까

7.
중독의 근본 원인

앞에서 나는 주님이 다시 오시길 기대하며 간절히 기다려야 한다는 내 믿음이 성경에 근거하고 있다는 사실을 확인했다. 그런데 중독성 강한 충동을 억제할 힘을 얻으려면, 기다림만으로는 '어쩌면' 충분하지 않을 수도 있다. '어쩌면'이라는 단어가 중요하다.

중독이라는 위험에 맞서 싸우면서 나는 지금 두 가지 사실을 깨닫고 있다. 첫째는 이 싸움이 절대 끝나지 않는다는 사실이다. '육신'은 절대 죽지 않기 때문이다. 둘째는 저항할 수 없을 것만 같은 유혹에 저항할 힘을 우리 그리스도인들에게 불어넣어 굳건히 기다리도록 돕고자 다른 자원들을 하나님이 우리에게 주셨다는 사실이다.

여기에서 주목해야 할 것이 있다. 내가 구하는 자제력, 성령을 통해서만 얻을 수 있는 이 힘은 유혹을 뿌리칠 뿐 아니라 사람들과 맺는 관계 속에 하나님의 사랑을 퍼뜨린다. 다른 방법으로 얻은 자제력은 "내가 남의 도움 없이 도덕적으로 이만큼이나 훌륭한 사람이 되었다"라는 만족감을 부추길 위험이 있다. 이런 만족감은 자기가 이룬 선한 업적을 보고 좋아하는 독선적인 즐거움을 불러일으킬 뿐, 누군가를 사랑할 때 느끼는 즐거움을 불러일으키지 않는다.

재림을 열렬히 기다리는 적극적인 기다림은 죄가 되는 충동을 억제하고 경건한 관계를 형성하는 실제적이고 실용적인 가치가 있다. 그러나 그렇게 대단한 일이 벌어지길 열렬히 기다리는 것이 정말 가능할까? 지금 우리에게 일어났으면 하고 바라는 어떤 일, 잠시나마 슬픔을 마비시킬 쾌락을 선사하는 무언가, 채워지지 않는 영혼의 갈급함에서 비롯된 현재의 고통을 무디게 만들 무언가를 기다리는 일마저도 당최 쉽지 않은데 말이다. 커피 중독자를 자처하는 나 같은 사람은 식당에서 아침을 먹으려고 자리에 앉았을 때 뜨거운 커피 한 잔이 나오기까지 참을성 있게 기다리기도 힘들다. 다른 손님을 접대하느라 바쁜 종업원이 빈 잔을 다시 채워 주길 기다리고 있자면 더 짜증이 난다. 이렇게 사소한 즐거움을 기다리는 데도 노력이 필요하다면, 주님의 '임박한' 재림, 오늘 저녁일지 아니면 지금으로부터 천년 후일지는 몰라도 반드시 일어나기는 할 주님의 재림을 끈기 있게 기다리는 게 정말 가능할까? 이것이 2부에서 다룰 가장 중요한 질문이다.

1부에서 제기한 질문에 대한 답변을 간략히 반복하면서 2부를 시작하도록 하자. 그때를 기다리는 게 지금 정말 가치가 있을까?

나는 '예수를 향한 기다림'이 우리가 빠져 있는 다양한 중독의 기저에 깔린 부패함, 관계적 죄, 자기중심성, 자아에 대한 보편적 중독을 서서히 극복하는 데 무척 유용하고 꼭 필요하다고 믿는다. 특정 중독은 죽지 않으려고 버티는 이기적인 본성이 밖으로 표출된 하나의 증상이라 할 수 있다.

1부는 조금 긴 한 문장으로 요약할 수 있다. 장황한 내 말이 알아들을 수 없는 웅얼거림처럼 들리는 일이 없도록 약간의 설명을 해야 할 것 같다. 나는 재림을 기다리는 것이 중독성 충동을 억제하는 데 정말로 쓸모가 있다고 주장했다. 이 주장은 두 부분으로 구성된 하나의 가정에 기반을 두고 있다. 그러나 안타깝게도 내 생각의 밑바탕이 되는 이 핵심 가정은 별로 인기가 없다. 강한 반박에 부딪히거나 코웃음과 함께 가볍게 무시당하기 일쑤다.

내 가정의 앞부분은 다음과 같다. 우리가 싸우는 중독이 어떤 종류이든 간에 중독의 근본 원인은 신경학적·화학적 기능

장애보다는 '절대로 완전히 충족되는 법이 없어서 늘 목마른 영혼의 가눌 길 없는 고통에서 벗어나 안도감을 느끼고 싶은 욕구'와 더 깊은 연관이 있다.

근본 원인은 더 깊다. 우리가 통제할 수 있고, 기다릴 필요 없이 선택하기만 하면 되는 안도감에 대한 욕구는 하나님의 이름을 욕되게 하는 깊은 늪, "내게는 만족을 원할 때 만족을 얻을 자격이 있다"라는 특권 의식에서 나온다. 우리가 원하는 시간에 하나님이 오지 않으실 때, 우리는 스스로 갈증을 풀어 만족을 얻을 권리가 우리에게 있다고 주장한다. 그 늪은 성경이 '육신'이라고 부르는 것이자 아담의 자손으로서 우리가 물려받은 옛 본성이다. 중독 장애를 치료하려는 시도들은 이 육신을 사회화해서 덜 파괴적인 방식으로 욕구를 채우게 하는 수준에 그친다. 맑은 정신을 장시간 유지할 수 있다뿐이지, 중독자들이 특권 의식에 빠진 본성의 지배를 덜 받게 되는 것이 아니다. 중독의 근본 원인은 '자기중심 본성'에 있다는 것이 내 가정의 뒷부분이다.

따라서 또 다른 본성, 즉 '자기중심 본성'에 맞서 싸울 수 있는 '타인 중심 본성'은 중독성 충동을 억제하는 데도 필요하고, 사랑을 내보내는 데도 필요하다. 이 사랑은 중독자를 회복시켜 '관계적 거룩'의 길로 나아가게 한다. 바르게 사랑하기 위해서

뿐만 아니라, 바르게 사랑하는 것이 어떤 건지 마음속에 그려 보고 바르게 사랑하기 위해 매일 합당한 값을 치르길 바라기 위해서도 우리에게는 새로운 본성이 필요하다.

예수를 믿고 죄 사함을 얻은 모든 사람에게 하나님의 영이 주시는 새 본성은 내일(약속하신 주님의 재림)을 소망하며 오늘을 살아갈 기회와 함께 온다. 그러면 우리는 지금 주님을 알고, 오실 주님을 기다리며 하나님 앞에서 살아갈 수 있다. 1900년대 후반의 위대한 기독교 변증가 프란시스 쉐퍼Francis A. Schaeffer는 말년에 난치성 암으로 고생했다. 병이 낫는 기적을 일으켜 달라고 수천 명이 기도했다. 그럼에도 암이 상당히 진행되어 죽음을 목전에 두었을 때, 한 친구가 그에게 "무엇을 생각하고 있는가?" 물었다. 프란시스 쉐퍼는 이렇게 대답했다.

"하나님에게 무언가를 조르는 건 온당치 않네."[1]

쉐퍼는 3주 뒤에 죽었다. 그의 새로운 본성이 내뱉은 그 말은 '기다리는' 성도의 입에서 나온 말이었다.

그렇다면 혹시, 기다림은 죽음이 임박했을 때만 가능한 것이 아닐까? 죽음이 임박해야만 '천국을 소망하는 우리의 갈망'이 '이 세상에서 얻을 수 있는 만족이라면 아무리 작은 것이라도 손에 넣고 보려는 욕구'에 맞서 싸울 만큼 강해지는 것은 아닐까? 정말 그럴까? 죽기 전, 적어도 몇 년 동안은 천국을 간절히 기다리는 것이 가능해질까? 이것이 우리가 직시해야 할 질문이다.

  예수께서 다시 오실 때나 우리가 죽음을 맞을 때 얻게 될 확실하고 완전한 만족을 적극적으로 기다리면, 지금 당장 고통에서 벗어날 기회가 눈앞에 있으니 어서 잡으라는 유혹에 저항할 수 있다. 열렬하고 간절한 기다림은 중독성 있는 쾌락의 꾐에 맞서 싸울 수 있을 만큼 강력한 힘을 우리 안에 불어넣는다.

8.
착한 개와 나쁜 개

아래와 같은 하나님의 명령이 성경에 명명백백하게 실려 있다고 가정해 보자.

"내가 너희에게 명하노니, 내 아들의 재림을 아주 열정적으로 기다려라. 그러면 성령이 그 열정을 사용해서 죄를 짓고픈 유혹에 맞설 힘을 너희에게 줄 것이다. 내가 너희에게 명한다. **아주 열정적으로 기다려라!**"

이 명령에 순종하려면 어떻게 해야 할까? 열정을 불러일으켜야지, 하고 마음먹으면 열정을 만들어 낼 수 있을까? 의지만 있으면 곧장 감정을 제어할 수 있는 걸까? 그러기로 마음만 먹으면 어떤 것에든 엄청난 열정을 품을 수 있는 사람이 누가 있을까? 그것도 '재림'처럼 클라이맥스에 해당하는 것에 말이다.

초등학교 4학년 때였다. 어느 주일 아침, 교회학교 선생님은 우리에게 어떻게 하면 죄에 대해서는 "안 돼, 싫어"라고 말하고, 하나님에게는 "예"라고 말하는 사람이 될 수 있는지 알려 주셨다. 방법은 간단했다. 옳은 일을 하려는 열정을 불러일으키면 된다고 했다. 선생님은 우리에게 이렇게 충고하셨다.

"해서는 안 되는 일을 하고 싶은 충동을 느낄 때는 착한 개와 나쁜 개를 머릿속에 그려 보세요. 마음의 눈으로 착한 개를 보면서, 손가락으로 나쁜 개를 가리키며 '물어!'라고 소리치세요. 그러면 착한 일을 하고 싶은 충동이 더 강해지는 게 느껴질 거예요. 명심하세요. 여러분이 '물어!'라고 명령하는 개가 바로 여러분이 따라야 할 개랍니다."

그때 나는 그 충고가 무슨 뜻인지 이해했다. 다음날 학교에서 받아쓰기 시험이 있었다. 예정에 없던 시험이라 반 친구들 모두 깜짝 놀랐다. 선생님이 단어를 천천히 불러 주면, 우리는 시험지에 받아썼다. 준비 없이 치른 시험이었지만, 상관없었다. 철자라면 누구보다 자신 있었기 때문이다. 우리 반에서 받아쓰기를 가장 잘하는 사람이 나와 라일이었다. 그래서 걱정하지 않았다. 그런데 선생님이 곧이어 불러 준 단어는 내가 정확한 철자를 모르는 단어였다. 안 틀리고 잘 쓰고 싶은 열정이 불끈 솟아올랐다.

라일은 바로 내 옆에 앉아 있었다. 학생들로 빽빽한 교실에서 겨우 한 발짝 떨어진 거리였다. 곁눈질로 슬쩍 보았더니, 라일은 망설이지 않고 어려운 단어를 받아쓰셨다. 답을 확인할 수 있을 만큼 오래 라일의 답안지를 훔쳐보고 싶은 충동이 일었다. 커닝하고 싶었다. 라일에게 지고 싶지 않았다. 받아쓰기 시험에서 틀린 답을 써낼 위험을 무릅쓰고 싶지 않았다. 커닝하면 안 된다는 생각은 한낱 의무감에 불과했다.

옳은 일을 하고 싶은 열정을 끌어올리려면 어떻게 해야 하는지, 교회학교 선생님이 가르쳐 준 얘기가 생각났다. 착한 개한테 나쁜 개를 물라고 일부러 매섭게 명령했다. 효과가 없었다. 아무 느낌도 들지 않았다. 착해지고 싶은 새로운 갈망이 느껴지지 않았다. 여전히 커닝하고 싶었다. 죄책감이 살짝 들기는 했다. 그래서 훨씬 더 매섭게 명령했다.

"넌 착한 개잖아, 얼른 저 나쁜 개를 물라니까."

이번에도 아무런 변화가 없었다. 철자를 정확히 받아써서 백점 맞고 싶은 열정만 가득했다.

선생님이 다른 곳을 볼 때까지 기다렸다가 라일의 답안지를 훔쳐보았다. 맞을 거로 추측했던 철자가 쓰여 있는 걸 보고 얼른 내 답안지에 적었다. 시험이 끝나고 답안지를 채점할 때, 선생님이 각 단어의 정확한 철자를 알려 주셨다. 다 맞았다. 시험지 맨 위에 자랑스럽게 100점이라고 썼다. 라일은 한 문제를 틀렸다. 나는 라일이 시험지에 95점이라고 쓰는 걸 보았다. 기분이 좋았다. 우리는 선생님에게 시험지를 제출했다. 몇 분 뒤, 선생님은 4학년 중에 받아쓰기를 가장 잘하는 학생이 나라고 반 아이들에게 말씀하셨다. 나는 성공을 염원하는 불같은 열정에 굴복했다. 애는 써 봤지만, 옳은 일을 하고픈 더 강렬한 열정은 결국 북돋아지지 않았다.

중독성 충동은 매혹적인 열정으로 우리 앞에 나타난다. "옳은 일을 하고픈 갈망을 느끼든 못 느끼든 옳은 일을 하라"라고 말하는 것은 중독자들에게 아무 도움이 안 된다. 주먹을 불끈 쥐고 죄가 되는 충동을 억누르려고 해 봤자 별로 효과가 없다. 그러면 언제 효과가 있을까? 옳은 길을 선택하려는 새로운 패턴은 자주 생기지도 않고 오래가지도 않는다. 더 심각한 문제는 옳은 일을 하려는 노력에 힘을 보태는 것이 불타는 열정이 아니라 도덕적 의무감이라는 점이다. 그래서 노력이 성과를 내면 자만심이 생긴다. 여기에서 주목해야 할 사실이 있다. 하나님에게 순종하고 죄에 맞서는 데 필요한 열정은 흥분되는 느낌이 아니라, 대개는 고요하되 수그러들지 않는 갈증이라는 점이다. 우리가 알아야 할 목마름이 우리 안에 있다. 모든 그리스도인에게 이 갈증이 있다.

순종하도록 힘을 북돋는 일이 성령의 몫이라면, 우리에게는 하나님에게 기쁨이 되고 하나님의 웅대한 이야기에 참여하는 특권을 누리기 위해 옳은 일을 하고픈 갈증과 열정이 필요하다. 성령께서 북돋아 주신 힘으로 순종하게 되면, 우리 삶 속에서 일하시는 성령을 경외하고 감사하는 마음이 생긴다.

만약 지금 이 세상에서든 저 천국에서든 오직 하나님만 가능하게 하실 수 있는 것에 대한 강렬한 갈증을 자각하지도 못한 내게 하나님께서 "네 인생이 순조롭게 굴러가길 바라는 열정보다 더 큰 열정을 품고 성자 예수의 재림을 열렬히 기다려라" 하고 명령하신다면, 나는 어찌할 바를 몰라 쩔쩔맬 것이다. 아마도 패배를 인정하고 그 명령에 순종하는 건 불가능하다고 결론지을 것이다. 다른 결론을 내리려면, 목마름 속에서 산다는 게 무슨 뜻인지, 걱정 많고 복잡한 일상을 살면서 하나님을 목말라한다는 게 무슨 뜻인지 탐구해야 한다.

내 몸에는 여전히 암 조직이 남아 있다. 글쓰기를 잠시 중단하고, 불쾌하기 짝이 없는 항암 치료 일정을 예약하고 싶었다. 그래서 병원에 전화해 메시지를 남겼다. 치료를 받고 몸이 좀 나아지도록 빨리 진료 일정을 잡아 달라는 내용이었다. 지금 내가 가장 목말라하는 것은 주님의 재림일까, 아니면 의사의 전화일까? 솔직히 말하면, 지금 내게는 "그리스도께서 재림하셨다!"라고 외치는 천사장의 목소리보다 전화벨 소리가 더 간절하다. 천사장의 목소리도 듣고 싶지만, 지금 당장 정말 듣고 싶은 것은 의사의 목소리다.

하나님의 뜻이 이루어지길 바라는 '갈증'이 있어야만 싹이 트는 '열정'을 가슴에 품고 '내일'을 열렬히 기다려야만 '오늘'을 거룩하게 살 수 있다면, 나는 무엇을 해야 좋을까?

우리가 반드시 묻고 답해야 할 질문이 있다.

목이 타는 듯한 열정으로, 당장 일이 잘 풀리기를 바라는 마음보다 더 강렬한 열정으로 재림을 기다리는 게 과연 가능할까? 지금 당장 일이 잘 안 풀리는데, 언제든 주문만 하면 손에 넣을 수 있는 것을 즐기거나 고통에서 벗어나는 것보다 주님의 재림을 더 갈망하는 게 과연 가능할까?

그게 가능해? 이것이 질문이고, 답은 예스다. 그러나 이미 내 안에 있는 끈덕진 갈증, 재림을 열렬히 기다리도록 유도하는 그 갈증을 자각하려면, '다른 것'이 몇 가지 필요하다. 그것들은 과연 무엇일까?

9. 영혼 깊은 곳의 갈증

가능하긴 할까?

이 질문이 나를 괴롭히고 있다.

정형화된 패턴이다. 중요한 질문은 답하기가 어렵다. 그러니 부디 이 장과 다음 장을 천천히 읽길 바란다. 질문이 까다로워서 답하려면 신중해야 하기 때문이다.

나는 내가 이 책에서 두 가지 중요한 질문을 다루고 있다고 생각한다. 첫째, 재림을 간절히 기다리는 그리스도인은 중독성 충동을 더 잘 억제하기에 충분한 힘과 납득할 만한 이유를 발견할 것인가? 1부에서 살펴본 모세의 사례는 이 질문에 "예"라고 답하라고 내게 용기를 북돋는다. '앞에 있는 것'을 간절히 기다리면 유혹을 뿌리치는 데 도움이 된다. 작동 방식은 다음과 같다.

천국에서 누리게 될 만족을 생각하면 너무 기뻐서, 이 땅에서

사는 동안 다른 것을 구하지 않게 되고, 그리하여 죄가 되는 쾌락의 매력에 저항할 수 있다.

내 생각에는 두 번째 질문이 첫 번째 질문보다 더 중요해서 답하기가 더 어려운 것 같다. 두 번째 질문은 다음과 같다.

"그런데 그게 가능하긴 해? 순수하고 거룩한 즐거움에 강하게 끌리는 그리스도인에게는 당장 손에 넣을 수 있는 사악하고 부정한 즐거움이 전혀 힘을 못 쓴다고? 그런 일이 정말로 가능해?"

이 세상에 살면서 죄를 전혀 짓지 않는 건 불가능하다는 사실을 재빨리 인정해야 한다. 고령의 사도 요한이 한 말을 기억하자.

> 우리가 죄가 없다고 말하면, 우리는 자기를 속이는 것이요, 진리가 우리 속에 없는 것입니다(요일 1:8).

정직해져야 한다. 하늘나라에 가는 날까지 우리에게는 회개할 일이 자주 있을 것이다. 우리가 자신의 행복을 위해 어떤 식으로든 타인을 이용하는 관계적 죄에 중독되어 있다는 사실을 인정하면 더욱더.

어쩌면 두 번째 질문을 이렇게 바꾸어야 할지도 모른다.

주님의 재림을 간절히 기다리면, 그날을 기다리는 열정 덕에 죄와의 싸움에서 좀 더 강해질 수 있을까? 비록 천하무적이 되지는 못하더라도 더 강해질 수는 있을까?

주목할 점은 우리가 "재림을 간절히 기다리면, 죄의 유혹을 더 자주 뿌리칠 수 있다"는 사실을 수긍하지 않는다면, 이런 질문을 할 이유가 없다는 점이다.

그 사실을 수긍했다면, 이제 진지하게 두 번째 질문을 던져야 한다.

"주님을 실제로 뵐 수 있다는 소망을 안고 주님의 재림을 그렇듯 간절히 기다리면, 죄의 매력을 뿌리칠 만큼 강해진다니, 그런 일이 정말 가능할까?"

마음만 먹으면 어떤 일에든 열광할 수 있는 사람은 없다는 것을 우리는 이미 알고 있다. 그 일이 주님의 재림처럼 중대한 일이라면 더더욱. 다시 오셔서 만물을 새롭게 하실 주께 정말로 열광하려면, '앞에 있는 것'에 대한 열정을 깨우려고 애쓰지 말고 방향을 바꾸어야 한다.

우리는 모두 무언가를 원한다. 특별한 분별력이 없어도 이 정도는 누구나 안다. 우리 중 정직한 사람들은 아무리 많이 가져도 내면 가장 깊은 곳의 갈증은 완전히 해갈되지 않는다는 사실을 인정한다. 이런 실망스러운 일을 겪을 때 우리는 어떻게 해도 완전히 해갈되지 않는 갈증을 무디게 만들고, 어떻게든 내 힘으로 해갈할 수 있는 갈증에 주목하려 할 때가 많다.

내면 가장 깊은 곳의 갈증에 눈뜨게 하는 무언가와 갈증이 해갈되리라(지금은 견딜 수 있을 만큼 적당히, 나중에는 완전히)는 확실한 소망이 우리에게 없다면, 그러는 편이 현명할 것이다. 그렇다면 우리가 가장 간절하게 원하는 것은 무엇일까? 내면 가장 깊은 곳의 갈증을 끌어내고, 그 갈증을 해갈하고 싶은 열정으로 우리를 이끄는 것은 뭘까?

그리스도인들은 우리가 가장 갈망하는 경험을 기독교 신앙 안에서 맛볼 수 있고, 오직 기독교 안에서만 경험할 수 있다고 믿는다. (우리가 이렇게 믿는 데는 그만한 이유가 있다.) 이 주장을 조금 더 넓히면 이렇게 말할 수 있다. 그리스도인이든 아니든, 모든 사람이 가장 원하는 것은 오직 기독교 안에서만 찾을 수 있다.

그렇다면 그것은 무엇일까? 기독교만 줄 수 있는 것, 인간의 영혼을 최고로 만족시키는 것, 재림을 더 열렬히 기다릴 수 있게 하는 것. 그것은 과연 무엇일까? 하나님은 진정한 기쁨이 무엇인지 아시고, 삼위 안에서 그 기쁨을 온전히 경험하고 계신다. 그리고 당신이 느끼는 그 기쁨을 우리도 경험하게끔 우리를 창조하셨다. 성부와 성자와 성령께서는 우리로 그 기쁨을 경험하게 하려고 온 힘을 다하셨다. 몇 년 전, 교회학교에서 강의할 때 기독교 신앙 안에서 우리가 받은 특권을 찬미한 적이 있다. 그때 좋은 집안에서 자란 부유한 남자가 손을 들고 질문했다.

"그 기쁨은 어디에 있습니까?"

그때 나는 그 질문에 명확히 답하지 못했다. 하지만 지금은 그 답을 찾았다고 생각한다.

우리 안에 가장 깊고 가장 강렬하고 가장 절박한 갈망을 깨우고, 그리스도께서 우리에게 주러 오신 것에 대한 아주 특별한 갈증을 불러일으키고자 기독교가 우리에게 주는 것은 과연 무엇일까? 그것이 무엇인지 깨달을 때까지 가장 깊고 강렬한 갈증은 우리 영혼 안에 잠들어 있을 것이다. 그리고 가장 중요한 이 갈망이 깨어나지 않는 한, 우리는 그보다 덜 중요한 갈증을 해갈하려고 이 세상 자원에 손을 뻗을 것이다. 이 세상 자원은 상당히 많고, 잠시나마 갈증이 풀려 무척 만족스러운 듯한 착각을 불러일으킬 수 있다.

그러나 기독교가 제공하는 것, 가장 깊은 곳에 자리한 인간의 영혼이 가장 갈망하는 그것을 인식하기 전까지 우리는 '그리스도인의 삶'을 온전히 살아 내지 못한다. 그것이 무엇일까? 기독교 메시지의 핵심, 그리스도의 복음이 전하는 비할 데 없는 기쁜 소식은 무엇일까? 우선, 기독교 메시지의 핵심이라고 들 말하는 네 가지를 살펴보자.

* * *

죄 사함. 우리가 지은 죄는 죽어 마땅한 죄이나, 우리 주님이 기꺼이 우리 대신 죽으셨다. 그 덕분에 예수를 믿는 우리는 의롭다 하심을 얻었고, 완전히 죄 사함을 받았으며, 하나님의 아들딸이라는 지위를 얻었다. 경탄할 만큼 멋진 새로운 신분은 더 나은 것으로 향하는 문을 열어 준다.

다시 오시겠다는 그리스도의 약속. 이 약속을 부인하면, 기쁨의 소망은 영원히 사라진다. 무신론자들은 혹할 만한 메시지를 던지곤 한다. "오늘 가질 수 있는 건 전부 가져라, 내일이면 넌 이 세상에 없을 테니." 재림 약속은 기독교 복음에 없어서는 안 되는 부분이다. 그러나 이 약속이 없어서는 안 되는 이유는 재림이 영광스러운 사건일 뿐 아니라, 가장 깊은 갈증을 완전히 해갈할 것을 가져오기 때문이다. 따라서 우리는 그것이 무엇인지 알아야 한다.

하나님이 주신 기쁜 소식 한가운데 놓여 있는 생명으로 우리를

인도하는 성경 원리. 장사치들, 특히 텔레비전에 나와 종교를 파는 장사치들은 이렇게 답하며 신나게 즐긴다. "당신이 들은 대로 행하세요. 그러면 인생이 술술 풀릴 겁니다. 선교 사역에 100달러라는 씨앗을 심으세요. 그러면 100배로 돌려받습니다." 이렇게 말도 안 되는 소리를 믿는 그리스도인이 너무 많다. 기독교는 순종하는 사람들에게 세속적인 복을 약속하지 않는다. 그러면서도 순종하라고 명령하고, 가끔은 하나님에게 복을 빌게 한다. 그리고 순종은 늘 우리를 하나님의 영에게 이끈다. 그런데도 우리가 다른 것을 더 원할 수 있을까?

영성 훈련. 이기적인 사람이 예수처럼 이타적인 사람이 될 기회를 얻는 것은 과분한 특권이 분명하다. 깜짝 놀랄 만큼 과분한 일이다. 게다가 영적으로 성숙해지는 그리스도인은 이 땅에서 훨씬 더 큰 특권을 누릴 수 있게 된다.

* * *

이 네 가지는 우리가 자아 중독에서 벗어날 때 거치는 과정으로 타당하고 필요하고 기적과도 같은 일이다. 하지만 기독교의 중심에는 이보다 더 큰 무언가가 있다. 그러니 다시 질문할 수밖에 없다. **그것은 과연 무엇일까?** 기독교가 전하는 기쁜 소식의 핵심, 더 기쁜 소식이 흘러나오는 핵심은 무엇일까? 기독교가 지금 의미 있게 해소해 주고 영원히 완전하게 해갈해 줄, 당신과 나의 깊고 깊은 갈증은 무엇일까?

이 질문을 무시하거나 틀린 답을 내면, 우리는 사탄에게 틈을 주는 천박한 갈증만 인식하며 살게 된다. 죄의 향락은 잠시뿐이라도, 천박한 갈망을 잠시라도 채워 주는 그 향락이 영혼의 영원한 공허함을 이기고 만다. 그러면 중독이 우리 인생을 망칠 무대가 마련되고, 기독교는 뒷전으로 밀려난다.

그러나 이 세상 그 무엇도, 다른 어떤 종교도 해갈할 수 없는 우리 영혼의 가장 깊은 갈증을 인식하며 살면, 기독교가 거부할 수 없는 매력으로 다가온다. 그렇다면 그리스도의 재림을 향한 열정이 솟구치게 하고, 인간의 영혼이 가장 갈망하는 것을 끌어내는 기독교의 핵심은 과연 무엇일까?

10.
복음 한가운데로

　어릴 적에 나는 하나님이라는 분, 밥 먹을 때마다 아빠가 감사 기도를 올리는 그분이 실재한다고 믿었다. 먹을 음식을 주신 하나님에게 감사하는 것을 좋게 생각했다. 하지만 엄마가 식료품점에서 음식을 살 때 나도 거기 있었다. 그래서 아빠가 하나님 대신 음식을 집에 가져와서 식탁을 차린 엄마에게 고마워하는 게 더 이치에 맞지 않을까 생각했다. 그러나 아빠는 내가 먹으려는 그 음식을 두고 계속 하나님에게 감사했다. 나는 그게 이해가 되지 않았다.

　이후 상황은 더 이해하기 어려웠다. 교회학교에 갔더니 선생님이 하나님은 성부, 성자, 성령, 이렇게 '삼위'이시라고 가르쳐 주었다. 아빠에게 그게 다 무슨 소리냐고 물었던 기억이 난다. 아빠는 그게 사실이라면서 언젠가 나를 천국에 데려가시기 위해, 또 천국에 가기 전까지 내가 다른 이들에게 친절하고 정직한 사람이 되도록 도우시기 위해 삼위 하나님이 함께 일하고 계신다고 말씀하셨다. 나는 '삼위 하나님은 꽤 좋은 분들이구나'라고 생각했다. 그리고 놀러 나갔다.

10대에서 20대까지 설교도 많이 듣고, 혼자서 성경 공부도 열심히 했다. 그래서 한 분이신 하나님이 삼위로 존재하신다는 사실을 믿게 되었고, 그 사실이 중요하다는 것도 알게 되었다. 성경 공부는 그쯤에서 끝냈다. 대학원을 마치고 심리학자로서 사회생활을 시작했다.

그러다가 40대 후반쯤에 삼위일체가 왜 중요한지 궁금해졌다. 성경이 가르치고, 사도신경과 교리 문답서에 들어가 있는 이 교리가 일상생활에서 내게 얼마나 중요한지 묻기 시작했다. 시간이 더 흐른 뒤에는 삼위일체에 관한 책도 여러 권 읽었다. 50대에는 각각 완전하시고 동등하신 삼위 하나님이 이야기를 펼쳐 나가고 계신다는 사실을 이해하게 되었다. 그 이야기는 아무것도 창조되기 전에 쓰였고, 창세기 1장과 2장에서 형태를 갖추기 시작했으며, 3장에서 왼쪽으로 방향을 트는 듯 보였다. 내가 이해한 바에 따르면, 이 이야기는 성부께서 계획하시고 성자께서 계시하시고 성령께서 지금도 계속 진행하고 계셨다.

그때나 지금이나 나는 출생과 사망 사이에서 벌어지는 나의

'소소한 이야기'와 비교하여 이 이야기를 '웅대한 이야기'라고 부른다. 이 웅대한 이야기에는 예수의 죽음을 통해 죄 사함을 얻은 사람들이 하나님의 사랑, 예수께서 몸소 보여 주신 그 사랑으로 하나님과 다른 사람들을 사랑함으로써 하나님의 놀라운 은혜와 깊이를 알 수 없는 사랑에 반응하는 내용이 담겨 있다. 이제 나는 나보다 더 큰 목적, 내 존재보다 더 큰 목적을 위해 살 수도 있었다. 다른 사람들과 맺는 관계를 통해 하나님의 이야기를 전하고, 내 안에 나타난 예수의 사랑에게로 그들을 이끄는 사람이 될 수도 있었다. 그게 중요했다.

나는 내가 큰 그림을 이해했다고 생각했다. 예수께서는 "나는, 양들이 생명을 얻고 또 더 넘치게 얻게 하려고 왔다"(요 10:10)라고 말씀하셨는데, 예수께서 말씀하신 풍성한 삶은 내가 주님을 닮아 갈수록 사랑할 힘과 사랑하고픈 갈망이 더욱더 풍성해짐을 의미하는 것이었다. 그리하여 나는 어떤 복이 찾아오든, 어떠한 시련과 고생이 슬픔과 고통을 몰고 오든, 그 모든 것이 나를 사랑하시는 하나님의 섭리 안에 있으며, 모든 일이 서로 협력해서 선을 이룬다(롬 8:28)는 사실을, 또 성자처럼 사랑함으로써 성부께 기쁨이 되면 기쁨이 넘치는 거룩함과 온전한 느낌을 경험하게 된다는 사실을 알게 되었다. 상당히 긴 문장이다. 이 긴 문장을 다섯 개의 짧은 문장으로 다시 정리해 보

자. 그만큼 중요하기 때문이다.

- 예수께서 우리에게 주러 오셨다고 말씀하신 풍성한 삶 (요 10:10)은 사랑할 힘과 사랑하고픈 갈망이 풍성한 삶이다.
- 내가 예수를 닮아 갈수록 이 힘과 갈망도 더 커진다.
- 어떤 복이 찾아오든, 어떠한 시련과 고생이 슬픔과 고통을 몰고 오든, 그 모든 것은 나를 사랑하시는 하나님의 섭리 안에 있다.
- 모든 복과 슬픔이 서로 협력해서 선을 이룬다.
- 성자처럼 사랑함으로써 성부께 기쁨이 되면, 기쁨이 넘치는 거룩함과 온전한 느낌을 경험할 수 있다.

문제 끝. 이것이 웅대한 이야기의 핵심이다. 핵심 플롯을 이해했으니 이제 그대로 살면 된다. 그런데 어떻게? 어떤 면에서 보면 나는 전혀 잘 해내지 못하고 있었다. 관계 맺는 방식을 결정하는 자기중심 에너지가 여러모로 줄기차게 입증한 바 있는 '자아 중독'이 여전히 나를 꽉 붙잡고 있었다.

어쩌면 내가 너무 성급하게 문제를 종결시켰는지도 모를 일이었다. 무언가를 놓친 것 같았다. 70대 중반이 되자, 전에는 한 번도 진지하게 생각해 본 적 없는 질문이 떠올랐다. 기독교가 전하는 기쁜 소식의 핵심은 무엇일까?

사랑을 생성하는 기쁨

나는 삼위 하나님 덕분에 상상할 수 있게 된, 상상도 할 수 없는 가능성을 상상하기 시작했다. 부디, 몇 쪽만 나를 더 견뎌 주길 바란다. 어떤 가능성이 내 머릿속에서 이제 막 형태를 갖추어 가는 중이다. 현실적으로나 실질적으로 손에 넣기에는 너무 심원하고, 너무 별스럽고, 기이할 정도로 너무 딴 세상 이야기처럼 들릴 수도 있다. 우리는 청구서도 처리해야 하고, 병원에도 가야 하고, 사람들과 맺은 이런저런 관계를 치유하고 키워야 하고, 쓰레기 분리수거도 해야 한다. 살다 보면 누구에게나 좋은 날도 있고 나쁜 날도 있다. 나는 지금 하나님의 웅대한 이야기가 전개될 때 하나님의 생각과 마음 한가운데 있는 것에 관해 말하려 하는데, 그것이 내 소소한 이야기 속에서 내가 살아가는 방식에 진정한 변화를 불러올 수 있을까? 가능하다. 하지만 목마른 내 영혼이 가장 듣고 싶어 하고 가장 경험하고 싶어 하는 것이 바로 기독교가 전하는 기쁜 소식일 때만 가능하다. 문제는 그리스도인 가운데 너무도 많은 사람이 덜 중요한 갈증만 계속해서 접한다는 데 있다.

만약 우리가 성령께 우리 마음을 살펴 달라고 요청하면, 만약 우리가 우리 영혼의 고통, 채워지지 않는 갈망으로 이루 다 표현하기 어려운 극심한 고통에 눈뜨기 위해 마음을 열면, 복음이 주는 것 한가운데서 기뻐하는 지극히 인간적인 갈망과 만나게 될 것이다.

한가운데? 내 대답을 두 문단으로 정리하면 다음과 같다.

성자는 성부와의 관계를 누리고, 하나님의 형상을 지닌 나 역시 하나님과의 관계를 누리도록 창조되었다. 성부께서 성자에게 쏟으신 '사랑을 생성하는 기쁨'이 이제 내게도 주어지고, 그 기쁨이 예수께서 전하러 오신 기쁜 소식의 핵심임을 알 기회가 이제 내게도 생길까?

다른 말로 설명하자면, 나를 위해 계획을 세우신 성부 덕분에, 십자가에 달려 죽게 하신 성부의 뜻에 순종하신 성자 덕분에, 안으로 향하는 애정을 밖으로 돌리고 나를 떠나 하나님께 가게 하려고 내 안에서 계속 일하시는 성령 덕분에, 나는 지금 하나님과 교제하는 공동체에 속해 있다. 이제 나는 예수께서 성부와의 관계에서 누리고 계신 것을 맛볼 수 있다. 나는 이제 하나님의 자녀다. 여전히 하나님이 창조하신 피조물이지만, 하나님에게 사랑받는 자녀로 살고 있다.

세 가지 질문

지나치게 신령한 이야기 같은가? 나도 처음에는 그렇게 생각했다. 그러나 삼위 하나님처럼 무한하신 분이 소소한 이야기 속에서 살아가는 한낱 인간들은 도저히 이해하기 어려운 계획을 세우셨을 거라고 기대하면 안 되는 걸까?

예수께서 성부와 맺으신 관계 안에 우리가 들어갈 기회. 너무 신비로운 소리로 들릴 걸 알지만 이것이 이 책의 요지다. 지금부터 설명해 보겠다.

예수께서 다시 오시기 전까지 성부와 성자의 관계 안에서 우리가 예수와 나누는 교제는 얼룩진 채로 남아 있으리란 걸 우리는 알고 있다. 자기중심적인 우리의 본성은 이 세상과 사탄의 도움을 받아 우리가 스스로 마련할 수 있는 위안과 쾌락에 우리를 중독시키고 있거나 중독시키려고 시도하고 있다. 복은 최대한 많이 받고 시련은 최대한 적게 겪고 싶은 것이 인지상정이다. 우리는 우리가 이렇게 안락한 삶을 살도록 하나님이 우리를 위해 힘써 주시길 바란다. 그래서 하나님이 그러지 않으신다는 사실이 분명해지면, 우리의 옛 본성이 다시 활기를 띠기 시작한다.

우리는 우리 앞에서(실제로는 우리 안에서, 우리의 생각과 성정 안에서) 매혹적인 몸짓으로 달랑대는 기회, 스트레스에서 벗어나

잠시나마 강렬한 쾌락을 경험할 기회를 감지한다. 그 위기의 순간에는 행동(포르노를 보는) 관련 충동이든 관계(내 만족을 위해 타인을 이용하는) 관련 충동이든, 이기적이고 중독성 강한 충동에 빠지는 행위가 꽤 매력적으로 보이고, 우리 안에 있는 더 나은 본성도 거의 반대하지 않는 듯 보인다. 반대가 거의 없는 듯 느껴지는 이유는 뭘까? 아마도 반대해 봤지만 통하지 않았을 것이다. 그래서 우리는 죄의 향락이 우리를 꼬드기고 있다는 사실조차 알아채지 못한다.

'선한 싸움'(딤후 4:7)을 싸우려면, 단순히 자아 중독에 맞서는 싸움뿐만 아니라, 인간관계를 통해 우리의 소소한 이야기에 거룩한 사랑으로 가득한 하나님나라가 임하도록 애쓰는 싸움까지 포괄하는 '선한 싸움'을 싸우려면, 우리가 어떤 사람이 되어야 하는지를 인식하고 그런 사람이 되기 위해 꾸준히 노력해야 한다.

그러려면 먼저 세 가지 질문에 답해야 한다. 나는 어떤 사람이 될 수 있는가? 나는 정말 어떤 사람이 되고 싶은가? 꿈꾸는 그 모습을 향해 한 걸음씩 나아가다 보면, 성자를 향한 성부의 사랑이 내 안에서 활기를 띠기(성자께서 다시 오실 때 마침내 결실을 볼 경험)를 갈망하는 영혼의 깊은 갈증을 정말 인식하게 될까?

여러분이 믿는 기독교 진리에 비추어 이 세 가지 질문을 오랫동안 깊이 있게 숙고해 보라. 그러면 예수를 대면하고픈 열정이 내 안에서 이따금 솟아나듯, 여러분 안에서도 자주, '항상'은 아니더라도 '자주' 솟아날 것이다. 나는 개인적으로 성자께서 나와 온전히 나누고 싶어 하시는 성부의 사랑을 현재 누리고 있는 사람과 함께하고 싶다. 그러면 내 안에서 흘러나올, 기쁨에 찬 열렬한 사랑에 압도당할 거라고 해도 과언이 아니다. 그때 우리는 성자가 성부와 누리는 사랑의 기쁨을 처음으로, 그리고 영원토록 온전히 나누게 될 주님의 재림을 갈망하게 될 것이다. 그러면 자기중심 본성은 원래 존재하지 않았던 것처럼 사라질 것이다.

최근에 한 친구가 교황 베네딕토 16세의 글에서 발견한 구절을 내게 보내 주었다. 그 구절을 읽으면서 삼위 하나님과의 관계에서 지금 살짝 맛볼 수 있는 경험을 실제로 맛보고 싶은 욕구가 내 안에서 깨어났고, 그 경험을 살짝 맛보자 성자께서 다시 오실 때 온전히 만끽하게 될 경험을 열망하는 욕구가 내 안에서 솟구쳤다.

> '영원한 생명'… 이 순간은 마치 이전과 이후가 없는, 무한한 생명의 바다에 뛰어드는 것과 같습니다. 우리는 그저 그러한 순간이 온전한 의미의 생명이라고 생각하고자

애쓸 뿐입니다. 이는 우리가 단순한 기쁨에 넘쳐 드넓은 존재 안으로 새로이 잠기는 것과 같을 것입니다.[1]

여전히 지나치게 신비로운 이야기처럼 들리는가? 교황의 말이 옳았다. 우리는 다만 그러한 순간이 온전한 의미의 생명이라고 생각하고자 애쓸 뿐이다. 그러나 실존적 존재인 우리에게는 하나님의 형상이 깃들어 있다. 우리는 우리의 좁은 마음을 쉴 새 없이 흔들어 대고 우리를 희망에 잠기게 하는 것을 목말라하는 존재로 창조되었다.

복음 한가운데 있는 기회, 즉 성부와 성자 사이의 기쁨을 갈망하고 그 기쁨에 참여할 기회를 붙잡도록 우리를 돕는 길이 있으니, 우리는 그 길을 따라가야 한다. 성부와 성자는 정말로 서로 사랑하신다. 그러니 우리도 성부와 성자처럼 관계를 맺고, 그 사귐에 실제로 참여할 정도로 거룩한 사랑의 관계를 키워 가야 한다.

내가 8장 끄트머리에서 언급한 '다른 것'에 대한 비전을 바라볼 때, 불완전한 세상에서 불완전한 인간으로 살면서도 거룩한 생명의 바다에 발을 살짝 담그는 것의 의미를 우리가 이해할 때, 복음 한가운데로 가는 길이 보일 것이다.

다음 장에서 그 비전을 살펴볼 텐데, 그때 명심해야 할 놀라운 진리가 있다. 그리스도인으로서 우리는 그 비전이 묘사한 사람이 되기를 이미 갈망하고 있다는 점이다. 물론 우리는 그 기준에 한참 부족하다. 그래도 하나님의 진노를 받아 마땅하다며 자신을 책망하기보다는 부족함이 없어질 그날을 더 절실하게 갈망하게 될 것이다. **그러면 지금 당장 기분을 풀고 싶은 욕구를 뿌리칠 수 있을 만큼 열렬하고 간절하게 재림을 기다리게 될 것이다.**

실제 삶으로 기독교의 핵심 메시지를 살아 내는 것이 가능하다. 소망은 확실히 이루어진다. 이 소망이 우리 안에서 힘을 발휘하게 하려면, 예수의 제자가 된다는 것이 진정 어떤 의미인지, 아름다운 삼위 하나님의 생명에 참여하기를 갈망하는 제자가 된다는 것이 어떤 의미인지 알고, 그 비전을 마음에 품어야 한다.

11.
성령께서 내 안에서 일하실 때

나도 매일 적극적으로 열렬하고 끈기 있게 주님의 재림을 기다리고 싶다. 베드로가 말한 대로 '예수 그리스도께서 나타나실 때' 내가 받을 '은혜'로 내 영혼 가장 깊은 곳의 갈증이 해갈되기를 진심으로 바란다(벧전 1:13).

그러나 아침 식탁에서 커피가 빨리 나오기를 바라는 것부터 조직 검사에서 좋은 결과가 나오기를 바라는 것까지, 내 마음속 열렬한 소망이 다른 곳을 향할 때가 너무나 많다. 나는 여전히 덜 중요한 갈증을 가장 또렷하게 인식한 채 살아간다. 대체 왜 그러는 것일까?

예수의 얼굴을 마주할 날을 고대하는 고요하고도 강렬한 열정, 그 무엇보다도 생생하고 뜨거운 열정이 나를 감싸길 바라 마지않는다. 그런 열정만 있으면 절망스럽고 괴로운 순간에도 잠깐의 위안이나 쾌락을 찾지 않을 거라고 믿는다. 특히, 법망을 피해 쾌락이나 위안을 얻으려고 여기저기 기웃거리지 않고, 어떠한 좌절이나 고통도 훨씬 잘 받아들일 거라고 믿는다. 예수를 알게 된 지 60년이 넘었는데도 여전히 매력적으로 느껴지는 중독성 충동을 더 단호하게 뿌리칠 수 있을 거라고 믿는다.

문제는 바로 여기에 있다. 만약 그리스도의 재림을 갈망하는 열정을 키우는 데 초점을 맞추면, 나는 매일 패배하며 살 것이다. 그러한 열정을 달라고 기도하는 일조차 헛되어 보인다. 열정은 전혀 다른 방향에서 오는 것 같다.

그래서 나는 초점을 바꾸었다. 나는 지금 구원받은 자, 예수를 본받는 자가 되는 데 필요한 일은 무엇이든 하게 해 달라고 성령께 더 열렬히 간구하고 있다. **초점이 바뀌자, 복음 한가운데 자리한 소망, 삼위 하나님, 그중에서도 성부와 사랑을 나누시는 예수와 교제하고 싶은 소망이 강해졌다.**

이 소망을 가슴에 품자, 성령께서 내 안에서 일하실 때 어떤 일이 벌어질지에 대한 비전이 떠올랐다. 아래와 같은 일이 점점 더 늘어난다면 어떻게 될까?

- 고통도 싫지만, 죄가 더 싫다면 어떻게 될까? 육체적, 정서적, 영적 괴로움이 예수의 고통에 참여하고 싶은

갈증을 불러일으켜서 나를 예수께 더 가까이 이끈다는 확신이 들면 어떻게 될까? 어떤 형태든 죄를 즐기는 행위는 곧 악을 즐기는 행위요, 하나님 부인하기를 즐기는 행위이고, 예수에게서 멀어져 그리스도의 기쁨에 참여하지 못하게 하는 행위임을 깨달으면 어떻게 될까?

- 내 안에서, 나를 위해, 나를 통해 하나님이 하시겠다고 약속하신 일을 바라보며 목적의식을 가지고 살면 어떻게 될까? 만약 내가 모세처럼 이 세상이 줄 수 있는, 영혼을 둔하게 만드는 즐거움을 애써 멀리한다면 어떻게 될까?

- 다른 사람들이 내가 (이런저런 희생을 치르면서까지) 자기들에게 얼마나 잘하는지 제대로 알아주고 그 화답으로 그들도 내게 잘해 줄 때 내가 반갑게 맞아 누리는 얕은 친밀감, 즉 '관계적 위안'보다 예수처럼 사랑하는 '관계적 거룩'을 내가 더 소중하게 여긴다면 어떻게 될까?

- 영혼을 무디게 만드는 쾌락이자 내 입에는 달게 느껴질 때가 너무도 많으나 실상은 썩은 열매인 육신의 열매를 간청하기보다 영혼에 활기를 북돋는 기쁨인 성령의 열매를 내가 더 갈망한다면 어떻게 될까?

- 예수께서 내가 염원해 마지않는 진실한 삶의 유일한 원

천이심을 알기에, 그 누구보다, 심지어 (예수께서 내게 사랑하라고 말씀하신) 부모나 배우자나 자녀나 친구보다 예수를 더 사랑한다면 어떻게 될까? 하나님이 너무 멀리 계신 것만 같을 때 강렬한 만족감을 찾아 다른 위안거리를 쫓아다니길 거부하고, 그 모든 것들을 삶의 다른 원천으로 알고 (예수께서 말씀하신 대로) 그것들을 마땅히 '미워한다'면 어떻게 될까? 내 사랑을 얻으려면 이러이러한 사람이 되라고 요구하지 않고, 가족과 친구를 조건 없이 뜻깊게 사랑한다면 어떻게 될까?

이런 미덕 하나하나가 내 삶에서 자라나리라는 기대가 내 마음을 끌어당긴다. 이것이 성령께서 내 안에서 추구하시는 비전이다. 성령께서는 이미 이 일을 시작하셨다. 하지만 아직 갈 길이 멀다. 그러나 성령께서는 '그리스도 예수의 날까지 그 일을 완성'하실 때까지 나와 함께하실 것이다(빌 1:6).

그리스도인이라면 누구나 방금 설명한 다섯 가지 비전이 자기 삶에서 성장해 나가기를 갈망할 것이라고 나는 믿는다. 예수께서 다시 오시기 전, 이 땅에서 사는 동안 이렇게 성숙한 사람이 되는 것이 우리가 가장 목말라하는 일 중 하나다. 하나님은 우리에게 '새로운 마음'을 주시고, '돌같이 굳은 마음'이 우리 안에서 가장 강력한 세력이 되지 못하게 굳은 마음을 제거하고 우리 속에 '새로운 영을 넣어' 주시고, 사랑 많으신 삼위 하나님의 생명에 참여하길 갈망하는 '살갗처럼 부드러운 마음'을 주시겠다고 에스겔을 통해 약속하셨다(겔 36:26). 에스겔을 통해 주신 이 말씀을 떠올리면, 어려움이 닥치거나 부족하고 공허한 기분이 들 때 스스로 위안과 쾌락을 찾는 대신 그리스도를 닮아 가고픈 열정이 내 영혼 깊은 곳에 자리하고 있다는 확신이 든다.

다시 강조하고 싶다. 이것은 엄청나게 기쁜 소식이다. **우리 그리스도인은 신음하고 실패하는 가운데 끝없이 목말라한다.** 힘겹게 걸음을 내디딜 때 쉼이 될 위안거리에 목말라하거나 공허함이 찾아올 때 잠시 허전함을 채워 줄 쾌락에 목말라하는 게 아니라, 예수께서 성부와 교제하실 때 누리시는 기쁨에 참여하고픈 소망을 마음에 품을 때 성령께서 가능하게 하시는 일을 목말라한다. 우리는 우리가

- 고통보다 죄를 더 미워하길,
- 이 세상이 주는 것이 아니라 오직 하나님이 주시는 것만을 위해 살길,
- 아들을 사랑하신 성부 하나님의 사랑으로 우리가 이미

- 사랑받고 있다는 사실에 흡족해하며, 사랑받을 기회보다 사랑할 기회를 더 소중히 여기길,
- 죄를 지을 때 찾아오는 영혼을 둔하게 만드는 쾌락이 아니라, 하나님을 갈망하며 살 때 경험하는 설명할 수 없는 기쁨, 영혼에 활기를 북돋는 기쁨을 느끼길,
- 내가 저들을 사랑해 주는 만큼 나도 저들에게 사랑받을 자격이 있다는 마음으로 다른 사람들을 '사랑'하려는 생각에 저항할 만큼 예수를 사랑하길,

목말라한다.

자극적인 기독교와 유사 그리스도인

핵심이 변질되어 왜곡된 기독교는 우리가 이생의 축복에 더 목말라한다고 말한다. 그리고 하나님이 바로 그런 복, 이를테면 훌륭한 가정, 좋은 친구, 튼튼한 몸, 넉넉한 돈을 우리에게 주시려고 힘쓰고 계신다고 말한다. 아직 복음의 핵심을 파악하지 못하고, 성자께서 성부와 누리는 관계, 우리더러 참여하라며 성령께서 초대하시는 그 관계를 미처 알지 못하는 신자들은 이 메시지에 반응한다. 이 거짓된 메시지는 그러한 복보다 더 고귀한 목마름을 알지 못하는 그리스도인들을 흥분시킨다.

그러한 복을 누리되, 지금 당신이 느끼는 갈증은 그보다 훨씬 깊고 고귀하다는 사실을 깨달아라.

더 위대한 목마름을 알지 못하면, '용서받은 삶'보다 '복 받은 삶'을 더 귀하게 여기고, '심판받아 마땅한 삶'을 '넘치게 사랑받는 삶'이라 여긴다. 축복으로 가득할 때든 형편이 어려울 때든, 하나님에게 영광을 돌리도록 '부름받은 삶'보다 '치유받은 삶'을 더 칭송하고 권장한다.

이제 우리는 천국에서만 느낄 것을 지금 당장 느끼고 싶어 하는 욕망을 부추기고 정당화하는 '자극적인 기독교'에서 돌아서야 한다. 자극적인 기독교가 제시하는 삶은 '유사 그리스도인'의 삶이다. 유사 그리스도인은 적어도 교회 안에서는 채워지지 않는 갈망으로 기진맥진해져서 괴로워할 필요가 전혀 없다. 죄를 피상적으로만 다루는 까닭에 매일 회개할 필요도 없다.

이제 우리는 진지한 애통함이 없는 예배 음악에서 돌아서야 한다. 그저 정서적 도취감과 황홀경을 유발하여 예비 예배자들이 지금 정말로 예배하고 있다고 착각하게 만드는 음악에서 벗어나야 한다. 다채로운 찬양과 찬양이 불러일으키는 기쁨을 외면하자는 말이 아니다.

이제 우리는 자기도 모르게 회중의 '귀를 즐겁게 하는 말'

을 하는 과장된 설교에서 돌아서야 한다. 그리스도인을 자처하는 사람들이 '건전한 교훈'을 배척하고 근거 없는 믿음을 좇도록 부추길 위험이 큰 설교에서 돌아서야 한다(딤후 4:3). 그런 설교는 회중들로 자기가 영적으로 성숙해졌다는 착각 속에 살게 한다. 이 착각은 일요일마다 이따금 강화되고 재충전되는 감격으로 지탱된다.

이제 우리는 다른 이들의 삶을 변화시키고, 인종 차별과 탐욕스러운 기업 문화를 없애고, 더 안전한 세상을 만드는 데만 초점을 맞추는 목회 활동과 선교 사역에서도 돌아서야 한다. 모두 훌륭한 목표인 것은 틀림이 없다. 그러나 이런 활동에 우선순위를 두면 이보다 훨씬 더 중요한 일에 집중하기 어렵다. 성숙한 태도로 사람들을 대하고 이웃과 관계를 맺는 일 말이다.

"내가 너희를 사랑한 것 같이, 너희도 서로 사랑하여라"(요 13:34)라고 하신 그리스도의 핵심 명령에 우선순위를 둘수록, 교회는 인종 차별, 세계 기아, 노숙자 문제와 같은 사회 병폐를 더 가슴 아파하고 더 적극적으로 맞서 싸울 것이다. 그러한 병폐를 바로잡기 위해 설립된 기관들을 지지하고 후원해야 마땅하다. 그러나 사회 병폐를 적극적으로 고쳐 나가야 한다는 부담감과 책임감을 느끼며 살되, 그리스도와 같은 마음으로 이웃을 사랑하는 일에 우선 관심을 쏟아야 한다.

기독교의 핵심에 자리한 것을 향한 갈증을 우리 안에서 발견하려면, 최소한 세 가지 면에서 성경적 기독교로 방향을 전환해야 한다.

첫째, 기도를 향해 돌아서야 한다. 기독교가 중점적으로 제공하는 것보다 하찮은 것을 목말라하는 우리의 실체를 있는 그대로 드러내시고, 우리로 인간의 영혼이 가장 원하는 것을 목말라하게 해 달라고 성령께 간구해야 한다.

둘째, 성경을 향해 돌아서야 한다. 우리가 들어야 할 하나님의 말씀이 성경이라고 확신해야 한다. 브레넌 매닝Brennan Manning이 말한 대로다. "하나님이 말씀하실 때 우리가 할 수 있는 최고의 일은 귀 기울여 듣는 것이다." 우리는 성경이 하나님의 권위 있는 말씀임을 알고 귀를 기울여 들어야 한다.

셋째, 관계를 향해 돌아서야 한다. 기독교는 그리스도인들에게 내면에서 무슨 일이 벌어지고 있는지 서로 살피라고 촉구한다. 그러려면 서로에게 세심하게 관심을 기울여야 한다. 우리는 우리 안에서 일어나는 일을 남에게 감추려고 할 때가 너무 많기 때문이다. 관심을 기울여 살피는 목적은 서로 판단하고 험담하고 비판하기 위해서가 아니라, 사랑과 선한 일을 하도록 격려하기 위해서다(히 10:24).

복음이 주는 자유

자, 그럼 이제 우리에게 남은 일은 뭘까? 나는 내가 어떤 형태로든 눈앞의 이기심을 채우려는 욕망에 중독되어 있다는 사실을 깨닫고 10개의 장을 썼고, 이제 11장을 마무리하려 한다. 그러나 나는 나를 '중독자'로 칭하지는 않는다. '중독자'를 자처하면 정체성이 잘못 정립되고 만다. 중독성 강한 이기심과 씨름하고 있긴 하지만, 나는 여전히 하나님께 사랑받는 '그리스도인'이다.

나는 그리스도 안에서 내 것이 된 자유, 정죄함뿐만 아니라 죄의 권세에서 해방되는 자유를 이해하고 경험하길 원한다. 이유는 알 수 없지만, 복음의 자유에 새롭게 관심이 생겼을 때 내 관심을 끈 사실이 하나 있었다. 최근 수년 동안 재림에 관해 설교한 적도, 누군가가 재림을 주제로 설교하는 걸 들은 적도 없다는 사실이었다.

그 사실을 곰곰이 생각하다 보니, 그리스도의 재림을 간절히 기다리면, 이 땅에서 사는 동안 다른 것을 바라지 않고, 하늘나라에서 누리게 될 모든 것을 기대하게 될지 궁금했다. (나는 내 안에 이런 생각을 불러일으키신 분이 성령이라고 믿는다.) 그때를 정말 열렬히 기다리면, 중독성 강한 충동을 뿌리치는 데 필요한 동기와 의지력이 생길까?

내 전공인 심리학 이론과는 대단히 모순되지만, 내가 파악한 바에 따르면 이런 충동은 사악한 자기중심 본성이 내는 목소리였다. 그 목소리는 어떤 식으로든 스트레스에서 벗어날 효과적인 방안을 스스로 찾고, 외로움이나 두려움, 실패, 그 밖에 불안한 상태나 감정을 없애 줄 즐거움을 스스로 마련할 책임이 있다고 나를 설득했다.

그래서 나는 '타인 중심의 거룩한 본성'이 '자기중심의 사악한 본성'의 매력에 대항하는 데 필요한 것을 어떻게 내놓을 수 있는지, 중독성 강한 욕망을 확실히 뿌리치도록 어떻게 도울 수 있는지 알아보고 싶었다. 이 책이 바로 그 결과물이다.

할 말은 거의 다 했다. 이 문제에 관한 내 생각을 지금까지 최대한 나누고 설명하고 변호했다.

하지만 조금 미진한 부분을 정리할 필요는 있을 것 같다. 그리스도의 재림을 기다리는 열정은 중독에 맞서 싸우는 우리에게 새로운 자유를 준다. 내가 그 열정을 품는 데 어떻게 성공했는지, 혹은 어떻게 실패했는지 있는 그대로 솔직하게 나눌 필요가 있을 것 같다. 다섯 가지 요소로 구성된 성숙함에 이르기 위해 인도하시는 성령을 내가 얼마나 잘 따라갔는지도 말해야 할 것이다. 마지막 3부에서는 이 부분을 다룰 생각이다.

여러분은 3부를 읽고 용기를 얻을 수도 있고, 낙담할 수도 있다. 두고두고 읽고 싶을 만큼, 다른 사람에게 읽어 보라고 권할 만큼 감화를 받을 수도 있고, 책장을 덮고 책을 쓰레기통에 처박을 수도 있다.

부디, 용기를 얻고 감화를 받는 쪽이길 바라지만, 그것을 위해 가식적으로 꾸미고 싶지는 않다. 내가 이해한 성경적 사실을 양보하고 타협하기 위해 용어를 고안하거나, 많은 사람이 받아들이도록 사람들 입맛에 맞을 법한 말을 지어내고 싶지도 않다. 문장 한 줄, 단어 하나까지 진실하고 정직하게 쓸 생각이다.

12. 진리 안에서 살아가려면

 책에 완결이란 게 있을까? 지금까지 서른 권 가까운 책을 썼는데, 매번 해야 할 말을 다 하지 못한 것 같은 기분으로 원고를 넘겼다.

 이 책도 다르지 않다. 3부가 끝이라고 생각은 하지만, 이 3개의 장에도 미처 담지 못한 말은 남을 것이다. 하지만 지금 쓰려는 내용이 앞에 11개 장에서 살펴본 내용에 설득력을 더해 주리라고 믿는다.

 앞에서 명확하게 설명하지 못한 몇 가지 개념을 명확히 밝히는 일도 그중 하나일 것이다. 오해의 소지를 줄일 수 있다면, 그렇게 하고 싶다. 더불어, 글을 마무리하려면 '건강한 현실주의'도 한 숟가락쯤은 더해야 할 것 같다. 부디 성령에게서 온 통찰이길 바라지만, 내가 어떤 통찰을 얻었든, 아직 그 통찰은 중독에 맞서 싸우다가 좁은 길에서 너무 자주 이탈하지 않도록 나를 지켜 줄 만큼 깊은 영향을 미치지는 못하고 있다.

정말로 중요한 진리를 말하면서 정작 인생의 험난한 시기에 그 진리를 체험할 길은 알려 주지 않는 책이 있다면, 그보다 더 당황스러운 일도 없을 것이다. 우리 주위에는 성경을 인용하며 유려하게 글을 써 내려가는 위대한 사상가들이 많다. 냉소적으로 들릴지 모르지만, 나는 힘든 시기에 하나님이 얼마나 무심하고 멀게만 느껴지는지 그들이 과연 이해하긴 할까 이따금 궁금하다. 그들이 하는 말은 처음에는 나를 설레게 하지만 이내 좌절하게 만든다. 그들이 명료하게 전달한 놀라운 진실을 가지고 뭘 어떻게 해야 할지 몰라 망연자실할 때가 많다. 내가 읽은 어떤 책의 작가는 그리스도의 생명과 나를 하나 되게 하시는 분이 성령이라고 강조했다. 그러나 성령의 사역을 '믿는' 것을 넘어 성령의 사역에 '협력'한다는 게 무슨 의미인지, 작가는 아무 말도 하지 않았다.

정말로 중요한 어떤 주제를 두고 내가 하는 말이 '최종'이라고 생각할 만큼, 나는 오만하지도 똑똑하지도 통찰력이 있지도 않다. 하물며 '재림을 간절히 기다리는 것과 자아 중독을 제어할 자제력(성령이 주시는)을 얻는 것의 관계'라는 주제를 두고 어떻게 최종 결론을 운운할 수 있겠는가. 그렇지만 조금 더 명확하게 이해하도록 도울 수는 있을 것이다.

중독 행동을 바라보는 다른 시각

앞에서 중독 장애를 언급하면서 모든 유형의 중독이 고질적인 자기중심성에서 힘을 얻는다는 점을 분명히 밝히려고 노력했다. 나는 자아 중독이 알코올 중독이나 약물 중독, 섹스 중독, 음식 중독, 돈 중독 따위보다 훨씬 더 심각하다고 본다. 나는 이런 중독들을 사람들이 선택하는 '획득 중독acquisition addiction'이라고 생각한다. 사람들은 기분을 푸는 데 도움이 되는 것을 손에 넣고 이용하기 위해 종종 몹시 나쁜 선택을 한다.

알코올과 약물은 고통에 둔감하게 만들고 신속하게 기분을 풀어 준다. 성관계도 비슷한 기능을 한다. 혼인 관계에서든 혼외 관계에서든, 성적 쾌락을 좇는다면 중독에 해당한다. 성경이 허락한 관계라고 하더라도 성욕을 억제하지 못하는 것처럼 보이면 그것 역시 성도착에 해당한다. 다른 범주의 중독으로 눈을 돌려 보자면, 어떤 사람이 바삭바삭한 양파링이 가득 든 치즈버거에 케첩을 듬뿍 발라서 게걸스럽게 먹는 모습을 보았는데, 다음날도 그 사람이 똑같은 행동을 반복하고 있다면, 획득 중독이 진행 중이라고 의심할 만하다. (일의 성격에 따라 다르겠지만) 열심히 일해서 돈을 버는 것은 정당하고 명예로운 행동이다. 그러나 '풍족한 재정 상태에 만족하며 감사하는 마음'과

'그 풍족함이 당연히 계속되거나 당연히 더 부유해지리라고 기대하는 심리' 사이에는 미묘한 차이가 있다.

사람들 대부분은 위에서 언급한 각각의 사례가 중독, 즉 '획득 중독'에 해당한다는 점에 동의할 것이다. 그런데 '관계 중독'이란 것도 있다. 관계 중독은 획득 중독만큼 흔하되 그보다 더 미묘해서 중독으로 여기는 경우가 드물다. 하지만 항상 관계를 망치고 많은 사람을 관계적 빈곤에 빠지게 하는 중대한 문제다. 예를 들자면 백 가지라도 들 수 있다. 그중 하나가 탐심이다. 우리는 대부분 다른 사람에게 무언가를 바란다. 마치 타인에게 인정과 칭찬을 받아야만 자기 영혼을 건강하게 지킬 수 있는 양 타인의 인정을 갈망하고 갈구한다면, 관계 중독이라고 볼 수 있다. 계층과 직업과 분야를 막론하고 가정에서든 직장에서든 교회에서든 핵심 무리에 끼고 싶어 하는 사람들이 많다.

타인에게 필요한 사람 또는 소중한 사람이 되고 싶은 열망은 사회적 교류, 부부간 대화, 자녀를 대하는 방식, 업무상의 상호작용, 심지어 치료사와 내담자의 대화에까지 지대한 영향을 끼친다. 그 결과는 관계적 빈곤이다.

그러나 대다수의 관계 중독은 알아채지도 못하고, 제지받지도 않고, 변하지도 않은 채 방치된다. 관계에 중독된 이들이 하는 행동은 숨을 쉬는 듯 자연스러워 보여서 눈에 잘 띄지도 않는다.

자신이 하나 이상의 중독성 충동에 끌려다닌다는 사실을 겸손하게 인정할 용기가 우리에게 있다고 가정해 보자. 또 충동에 이끌려 욕구를 채울 때 찾아오는 쾌락을 '좋아하긴' 하지만, 그 중독을 진심으로 '미워한다'고 가정해 보자. 그리스도인으로서 중독의 마수에서 벗어나 자유롭게 살기를 갈망하고, 마음껏 하나님의 사랑을 받고 받은 사랑을 나누어 주고, 기쁘게 우리 주님께 순종하고 성령의 격려에 발맞추며 살기를 진심으로 갈망한다고 가정해 보자. 그런 다음에는? 그다음에 우리는 무엇을 해야 할까?

심리학은 중독 장애에 관한 다양한 치료법을 고안해 냈다. 자유주의 신앙도 중독자를 돕기 위해 자기들만의 방법을 제시하는데, 더러는 정서적 행복에 이르는 정상적이고 타당한 길이라며 '탐닉'을 권장하기도 한다. 복음주의 교회들은 스스로 중독자임을 밝히는 신자들이 중독을 극복할 수 있게 도우려고 프로그램을 개발했다면서, 탄탄한 연구가 뒷받침된 심리학과 보수 신학을 최고 수준으로 혼합했다고 내세운다.

내 생각은 간단하다. 나는 오직 그리스도의 복음만이, 성령께서 우리가 누리도록 준비하신 성부와 성자의 사랑 한가운데 자리한 그 기쁜 소식만이 자아 중심 성향에 덜 끌려다니고 삼위 하나님과 사랑을 나누는 거룩한 삶에 더 강하게 끌릴 유일한 길을 제시한다고 생각한다. 일례로 하나님의 사랑으로 충만한 영혼은 타인에게 깊은 인상을 남기려는 관계적 욕망을 재빨리 알아차린다.

이것으로 충분할까

언젠가 G. K. 체스터턴이 말했듯, "천국의 비밀은 바로 기쁨이다." 그런데 사실 이 비밀은 이제 더는 비밀이 아니다. 성자께서 성부와 사귀며 누리는 기쁨을 우리와 나누시는 것이 구원의 핵심이다. 이 기쁨은 중독이 제공하는 이기적이고 자위적인 쾌락과 치열하게 경쟁한다. 여기서 주목할 것이 있다. 중독성 쾌락은 우리가 거룩한 기쁨을 경험하지 못하게 가로막는 방해물이라는 점이다.

그런데 이 진리를 믿는 것과 진리 안에서 사는 것은 차이가 있다. 이 고귀한 진리가 우리 일상에 내려와 중독과 씨름하는 우리를 위해 무언가를 할 수 있을까? 다른 것들은 하지 못한 일을 할 수 있을까?

바울은 그럴 수 있다고 생각했다. 그는 자기가 시작한 선교 사역을 돌보고 남은 일들을 정리하게끔 크레타섬에 남겨 둔

디도라는 동료에게 짧은 편지를 썼다. 크레타섬 주민들은 방탕하고 고집 세고 악한 자들과 어울리기 좋아하는 부류로 소문이 자자했다. 바울은 가장 나쁜 형태의 악에 중독된 사람들도 복음의 능력으로 변화될 수 있다는 사실을 디도가 깨닫길 바랐다. 그래서 디도에게 이렇게 말했다.

> 모든 사람에게 하나님의 구원의 은혜가 나타났습니다. 그 은혜는 우리를 교육하여, 경건하지 않음과 속된 정욕을 버리고, 지금 이 세상에서 신중하고 의롭고 경건하게 살게 합니다. 그래서 우리는 복된 소망 곧 위대하신 하나님과 우리 구주 예수 그리스도의 영광이 나타나기를 고대합니다. 그리스도께서는 우리를 위하여 자기 몸을 내주셨습니다. 그것은 우리를 모든 불법에서 건져내시고, 깨끗하게 하셔서, 선한 일에 열심을 내는 백성으로 삼으시려는 것입니다(딛 2:11-14).

나는 이 성경 구절에서 용기를 얻는다. 내가 제대로 된 길을 걷고 있는 것 같다는 생각이 든다. 이 책을 쓰기 시작하면서부터 내가 줄곧 느낀 부담은 복음 진리의 영향을 탐구해야 한다는 점이었다. 특히 그리스도인이 공유하는 삼위 하나님의 생명이 우리가 중독과 맞서 싸울 때 어떤 영향을 미치는지 밝혀야 한다고 생각했다. 바울과 베드로(예수의 재림에 모든 소망을 걸라고 했던 베드로의 말을 기억하는가?)가 그랬듯, 나는 재림에 대한 확실한 소망을 안고 사는 것이 경건하지 않은 생활과 죄가 되는 쾌락에서 돌아서는 것과 관련이 있다고 확신한다. 나는 이 악한 세상에서 살아가는 우리가 영성 훈련이라는 비전을 적극적으로 좇으면, 얼마든지 중독성 충동에 저항할 수 있다고 믿는다. 나는 또한 우리가 사랑이 넘치는 성부와 성자의 사귐에 참여할 때에만 비로소 악한 행동과 악한 관계의 매력을 뿌리칠 수 있을 만큼 강해지리라고 믿는다.

  이쯤에서 '그런데'가 나올 것 같다는 느낌이 들었다면, 짐작이 맞았다. 그런데 나는 재림을 간절히 기다리고, '거기에 더하여' 영성 훈련이라는 비전을 좇고, '거기에 더하여' 기독교 신앙 한가운데 자리한 소망을 인지하고, '거기에 더하여' 우리로 믿음 안에 살게 하시는 성령을 신뢰하고, '거기에 더하여' 자아 성찰과 감사 기도, 성경 공부와 말씀 묵상을 규칙적으로 하고, '거기에 더하여' 생각이 트인 성도들과 성령의 은혜가 있는 참된 신앙 공동체에 정기적으로 출석하면, 우리를 사로잡는 악한 욕망에 저항하는 데 필요한 모든 것이 제공된다는 인상을 혹여 내가 여러분에게 심어 주었을까 봐 두렵다. 앞에 나오는 11

개 장을 읽고 그렇게 이해했다면, 내가 메시지를 잘못 전한 것이다. 그러니 이쯤에서 명확히 짚고 넘어가도록 하자.

나는 "주님의 재림을 간절히 기다리는 것만으로도 유혹을 물리치기에 충분하다"고 생각하지 않는다. 꼭 필요하지만, 그것으로 충분하지는 않다. 무언가가 '더' 있어야 한다.

나는 그것이 '더' 수반되지 않는 한, 우리가 예수를 닮아 가도록 설계한 영성 훈련을 부지런히 하는 것만으로 악한 충동을 단호하게 뿌리치는 데 필요한 자제력이 생긴다고 생각하지 않는다.

나는 성부와 성자가 나누는 사랑의 기쁨에 참여하는 신자들에게 약속된 기쁨이 그 자체로 중독성 욕망을 통제할 수 있도록 우리에게 힘을 불어넣어 주리라고 생각하지 않는다. 우리에게는 무언가가 '더' 필요하다.

나는 자신을 돌아보는 경건한 기도, 철저한 성경 연구, 참된 신앙 공동체에서 신자들과 나누는 교제가 중독자를 변화시켜 중독에서 벗어나게 할 거라고는 생각하지 않는다. 무언가가 '더' 필요하다.

그게 무엇일까?

13. 선택할 자유, 선택할 힘

그리스도인들이 거룩한 삶을 살도록 돕기 위해, 특히 부정한 욕망에 굴복하지 않고 맞서 싸우도록 돕기 위해 무얼 할 수 있는지 이해하려고 씨름하면서 나는 조금 고상한 목표를 염두에 두고 있다. 나를 위해서도 다른 이들을 위해서도, 단순히 중독을 통제하는 데서 멈추고 싶지 않다. 내가 좇는 목표는 대다수의 중독 치료 방식으로는 이룰 수 없는 것이다.

물론, 기독교 신앙이 제공하는 자원을 활용하지 않더라도, 혹은 자유주의 기독교가 제시한 지침을 따르더라도 치료가 효과를 보일 수 있다.

알코올 중독자가 술을 끊을 수도 있다.

약물 중독자가 약을 남용하지 않을 수도 있다.

거식증 환자가 건강한 음식을 적정량 섭취할 수도 있다.

자해를 일삼던 사람이 자해를 멈출 수도 있다.

관계 중독자들, 예를 들면 금욕주의자의 가면을 쓰고 젠체하거나 아는 게 많다고 자랑하는 남성들과 상대에게 복종하거나 지배하려 드는 여성들이 상담을 통해 건강하게 관계를 맺는 방법을 배울 수도 있다.

이러한 개선은 참으로 칭찬할 만하다. 이런 성과를 깎아내릴 생각은 추호도 없다. 중독의 양상을 이해하고 파악하기 위해 내면의 문제를 역학적으로 탐구하는 것이 가치 있다는 점도 부인하지 않는다. 자세한 것은 나중에 더 설명하겠다.

하지만 나는 그 이상의 것을 좇고 있다. 물론 중독 행동을 반복하지 않기 위해 잘 참고, 훈련을 통해 칭찬할 만큼 자제력을 키우는 모습도 보고 싶다. 그러나 복음은 더 높은 목표를 바라본다. 기독교는 누가 어떤 중독에 빠져 씨름하든지, 각 사람이 유독 쉽게 빠지는 유혹을 뿌리칠 수 있는 강력한 자제력을 얻게 할 뿐 아니라, 성령께서 창조하신 '타인 중심' 본성에서 흘러나온 사랑으로 다른 사람들과 관계를 맺게 한다. 중독자들이 하나님의 사랑을 힘입어 이웃을 '사랑하는 자'가 되게 하는 것, 이것이 기독교가 중독자를 돕는 방식일지 모른다.

나는 그동안 이렇게 가치 있는 목표를 향해 나아가기 위해 기독교의 방식을 이야기하고자 무척 애를 써 왔다. 불가능한 일이 가능해지려면, 기대감을 품고 주님의 재림에 집중해야 한다. 그러려면 영적으로 성숙해지기 위해 힘써야 한다. 아버지의 사랑을 그 어떤 것보다 가장 기뻐하시는 영원한 아들, 곧 성자와 비슷한 수준으로 성부의 사랑을 누리는 하나님의 아들딸로 산다는 게 어떤 의미인지 배워야 한다. 매일 자신을 돌아보며 기도하고, 진지하게 성경을 공부하고 묵상하는 시간을 갖고, 참된 신앙 공동체에 속한 이들과 함께 교제하며 살아야 한다.

하지만 이것만으로는 충분하지 않다. 무언가가 '더' 필요하다. 악한 성향을 뿌리치고 경건한 관계를 맺으려면, 나쁜 것을 선택하지 않고 좋은 것을 선택할 자유, 즉 선택 권한을 회복해야 한다.

단순히 포르노 중독자에게 포르노를 끊으라거나, 거식증 환자에게 좀 더 먹으라거나, 자해를 일삼는 사람에게 자신을 용서하고 사랑하는 법을 배우기 위해 노력하라고 가르치고 권면하고 훈계하려는 것이 아니다. 우리는 키 작은 사람들에게 키가 너무 작으니 좀 키우라거나 키 큰 사람에게 키가 너무 크니 좀 줄이라고 말할 수 없다. 그런 선택은 누구도 할 수 없다. 자아 중독의 문제도 마찬가지다. 우리 모두 자기중심성에 심각하게 중독되어 있다. 이런 사람들에게 자기만 생각하는 선택을 이제 그만하고, 타인을 먼저 생각하는 선택을 내리라고 말하는 건 별로 도움이 되지 않는다. 율법주의는 답이 아니다. 율법주의로 기대할 수 있는 최선은 기준에 부합하는 것이고, 이는 외견상 '타인 중심'인 듯 보이지만 여전히 이기적인 성질에 뿌리를 두고 있다.

그렇다면 성경은 뭐라고 말할까? 어떤 것은 선택하고 어떤 것은 선택하지 말라고 성경이 명령하고 있지 않은가? 많은 사례 중에서 몇 가지만 예를 들어 보자. 악이 승승장구하는 것처럼 보일 때라도 복음의 소망에서 떠나지 말아야 하고(골 1:23), 도저히 어찌할 수 없는 것처럼 느껴질 때라도 경건하지 않음과 속된 정욕을 버려야 하고(딛 2:12), 예수께서 우리를 사랑하신 것과 같이 우리도 서로 사랑해야 한다(요 15:12). 그런데 우리는 하지 말라는 나쁜 선택은 많이 하고, 하라는 좋은 선택은 하지 않는다. 어느 모로 보나 우리는 순종을 잘하는 사람들이 아니다.

우리는 속된 정욕에 굴복하는 쪽을 선택하지 않고도 그 선택이 무엇을 의미하는지 안다. 속된 정욕에 굴복하지 않으려고 애써도 무력감을 느낄 때가 너무 많다. 도저히 안 될 것 같다. 그런데도 하나님은 우리에게 좋은 선택을 내리라고 말씀하시고, 선택에 책임을 물으신다. 하나님의 이런 명령은 창세기 2장 17절로 거슬러 올라간다. "선과 악을 알게 하는 나무의 열매만은 먹어서는 안 된다." 여호수아 24장 15절에서는 여호수아가 이렇게 말한다. "당신들이 어떤 신들을 섬길 것인지를 오늘 선택하십시오." 어떻게든 우리는 선택할 수 있는 자유와 힘을 회복해야 한다. 그런데 어떻게 말인가? 내 짐작으로? 아니, 복음을 통해!

되찾아야 할 자유

프로그래밍 된 로봇은 관계를 중시하시는 하나님께 영광을 돌릴 수 없다. 우리 인간이 '선택'을 할 수 있는 까닭은 하나님이 우리에게 '자유'를 주셨기 때문이다. 그러나 인간은 죄인이 되었고, 하나님이 옳다고 정의하신 일을 행할 자유를 잃었다. 그릇된 일을 하는 것이 숨 쉬는 양 자연스럽고 쉬워서 그 일을 '선택'하는 것처럼 느껴지지도 않는다. 중독성 충동을 억제할 힘을 얻으려면, 적어도 초기 단계에서는, 아니 어쩌면 죽을 때까지 '선택'이란 걸 해야 한다. 성숙한 그리스도인이라면 누구나 우리를 위해 자기 몸을 희생 제물로 내주신 예수처럼 이웃을 사랑하고 싶을 것이다. 그러나 그런 사랑으로 타인을 사랑하려면, 선택이란 것을 해야 한다. 다시 강조하건대, **우리는 어떻게든 '선택할 수 있는 힘'을 경험하고 '선택할 수 있는 자유'를 회복해야 한다.**

우리의 행동을 지배하려는 죄의 힘을 거부하는 선택, 생명을 주시는 삼위 하나님의 사랑으로 다른 이들과 관계를 맺는 선택. 이러한 선택은 **그 선택이 무엇을 의미하는지 '잘 알고' '거룩한 갈증에 이끌릴' 때만 가능하다.**

원리는 아주 단순하다.

진리를 알고 진리를 토대로

악한 충동을 뿌리치고 거룩한 관계로 나아가려면, 먼저 다음 두 가지 진리를 알고 수긍해야 한다. 첫째, 오직 그리스도와 그리스도교만이 인간의 영혼이 원래 살도록 계획된 삶을 살게끔 인도할 수 있고, 따라서 인간은 그리스도 안에서 삶을 가장 잘 영위할 수 있다.

선택을 앞둔 사람은 그리스도와 누리는 관계에 힘입어 진실하게 사람들에게 다가가고 만족스럽게 사는 사람이 이 진리를 말할 때, 그 진리가 참이라는 사실을 가장 잘 수긍할 것이다. 예를 들어, 그런 사람은 아직 영광에 이르지 못한 인간이 이 악한 세상에서 사는 동안 맛볼 수 있는 만족을 최대치로 경험하게 할 수 있는 것은 오직 복음 진리뿐이라는 사실을 보여 줌으로써 다른 이들을 그리스도에게 이끈다.

계속되는 중독 행동이 잘못된 것임을 밝히 드러내기 위해 하나님은 힘겨운 소식을 사용하기도 하신다. 성령의 기이한 방법으로, 악한 충동에 굴복하는 사악함이 고통스러울 정도로 명백하게 드러난다. 그러면 그리스도인은 위에 언급한 진리에 진심으로 끌리도록 일하시는 성령께 온전히 마음을 열지 못하는 자기 모습에 괴로워한다.

둘째, 삼위 하나님만이 영혼을 만족시키는 이야기, 예수께서 다시 오실 때 영원히 만족스러운 완성에 이르는 이야기를 하신다. 그때 하나님은 당신이 창조한 만물을 보시고 "좋다! 참 좋다!" 하고 말씀하실 것이다. 세상을 창조하신 직후, 죄가 들어오고 환난이 시작되기 전에 처음 하셨던 그 말씀이 다시 울려 퍼질 것이다. 재림 전에는 다시 들을 수 없는 소리다. 이 사실을 깨달으면 그날을 기대하는 마음이 꿈틀댄다. 그리하여 우리는 이 땅에 사는 동안 다른 것을 구하지 않고 그날에 누릴 모든 것을 고대하는 법을 배우고, '샬롬'을 기대하며, 그날을 열렬히 기다린다.

바울은 무엇이든지 아름답고, 명예롭고, 칭찬할 만하고, 참된 것이면 "이 모든 것을 생각하십시오"라고 우리에게 말한다(빌 4:8). 성경에서 이러한 진리들을 발견하자. 그 진리들을 풀어낸 기독교 서적을 공부하자. 그 진리들을 삶으로 살아 낸 사람들의 이야기를 읽자. 만약 이 모든 것이 사실이 아니라면, 우리의 처지가 얼마나 절망스러운지 생각해 보자.

그리고 바울이 젊은 디모데에게 쓴 편지에 다시 귀를 기울여 보자. "그러나 그대는 그대가 배워서 굳게 믿는 그 진리 안에 머무십시오. 그대는 그것을 누구에게서 배웠는지를 알고 있습니다"(딤후 3:14).[1] 하나님의 진리 안에 오래 머물러야만, 잘 알고 선택할 힘을 얻을 수 있다.

그러나 우리는 또한 다음과 같은 불안한 진실도 고려해야 한다. 어떤 행동을 통해서든 관계를 통해서든, 악한 충동에 굴복할 때 우리는 그 순간 악을 '즐기는' 것이라는 진실 말이다. 생각만 해도 역겨운 일이다. 복음 진리를 따라 사는 삶보다 악을 즐기는 삶이 공허한 영혼을 더 충족시키는 것처럼 보일 수 있다. 따라서 우리는 죄의 낙이 (1) 짧고, (2) 그리스도에게 순종하지 못하게 방해하고, 그리하여 회개하기 전까지는 하나님의 사랑을 누릴 수도 나눌 수도 없게 하여 우리 영혼을 해치고, (3) 하나님의 자녀가 아니라 악마의 자식에게나 어울릴 법한 삶을 살게 한다는 사실을 자주 상기해야 한다.

우리는 진리를 알고 그 진리를 토대로 선택을 내려야 한다. "너희는 진리를 알게 될 것이며, 진리가 너희를 자유롭게 할 것이다"(요 8:32)라고 예수께서 말씀하셨다. 그러나 진리를 힘입어 선택할 자유를 회복해도 여전히 마음을 사로잡는 죄의 매력과 마주치게 될 것이다. 진리를 알고 그 진리를 토대로 선택을 내리려면 추가적인 힘이 필요하다.

하나님을 향한 거룩한 갈증

나는 내가 마땅히 해야 할 일을 하려면 성령을 의지해야 한다는 말이 무슨 뜻인지 골똘히 생각하곤 했다. 내 힘이 아니라 성령의 힘으로 살아야 한다는 말을 젊은 시절에도 들었고 지금도 듣고 있다. 나는 그저 바람이 불 때까지 꼼짝하지 못하고 바닥에 누워 있는 마른 잎에 불과하다는 말인가? 나는 그렇게 생각하지 않는다.

> 하나님은 여러분 안에서 활동하셔서, 여러분으로 하여금 하나님을 기쁘게 해 드릴 것을 염원하게 하시고 실천하게 하시는 분입니다(빌 2:13).

바울은 우리에게 부디 이 사실을 깨닫고 끊임없이 죄에서 벗어나기 위해 힘쓰라고 말한다.[2] 나는 성령의 사역에 참여하고 있는 게 분명하다. 성령께서는 어떻게든 내 의지에 영향을 미쳐서 내가 하나님께 기쁨이 되는 선택을 하게 한다.

우리는 진리를 알고 그 진리를 토대로 선택해야 한다. 우리가 하려는 일이 우리를 꽉 붙들고 있는 진리에 부합하는지 살펴보아야 한다. 그러나 우리가 그렇게 진리를 알고 진리를 토대로 선택을 내리려면, 우리 영혼의 깊고 깊은 갈증을 자각하고 그 갈증에 영향을 받아야 한다. 그것이 복음이다. 오직 복음만이 악한 충동을 뿌리치려면 무엇이 필요한가에 관한 인식을 결정적으로 바꾸어 놓는다. 방법은 다음과 같다.

그리스도인은 거듭난 자요, 하나님께 대하여 살아 있는 자요, 그리스도 예수 안에서 살아 있는 자요, 성령과 함께 살아 있는 자다. 따라서 그리스도인의 영혼이 가장 강렬하게 느끼는 갈증은 거룩을 향한 갈증, 사랑의 하나님을 알고 그분을 알리기 위해 살고자 하는 갈증이다.

그 갈증을 일으키는 것은 성령의 일이고, 물이 줄줄 새는 우물을 파는 일을 멈추고 생수가 솟는 샘을 향해 나아가는 것은 우리의 일이다. 기독교가 어떠한 박해도 받지 않는 안락한 시대에는 "그 누구보다, 그 무엇보다 하나님을 원한다"라는 말을 쉽게 들을 수 있다. 우리는 흐뭇하게 미소를 띠며 고개를 끄덕인다. 그리고 삽을 들고 물이 줄줄 새는 또 다른 우물을 판다. 하나님을 향해 무엇과도 견줄 수 없는 갈증을 느끼기 전까지, 우리는 그보다 훨씬 덜 중요한 갈증을 느끼면서도 그 갈증을 해소하길 훨씬 더 간절히 원하며 계속 생을 이어갈 것이다.

나는 기독교 시장에 책이 마구 쏟아져 돌아다니는 것이 두렵다. 기도하면 우리가 원하는 대로 순탄한 인생을 살 수 있다고, 그것이 바로 하나님이 우리에게 주신 기쁜 소식이라고, 안락한 기독교에 안주하게끔 그리스도인들을 부추기는 책이 넘쳐 나는 것이 두렵다. 이런 책에 열광하다 보면, 덜 중요한 갈증을 해갈하기 위해 살아간다.

이 위험에 대해 우리에게 분명히 경고하는 책이 있다. 조너선 에드워즈Jonathan Edwards는 《신앙감정론Religious Affections》이라는 책에서 우리는 누구나 우리를 가장 강하게 잡아당기는 것에 끌린다고 말한다.[3] 청량음료를 향한 갈증은 물로는 해소되지 않는다. 그래서 우리는 콜라 캔을 딴다. 포도주를 향한 갈증을 느낄 때는 콜라 캔이 아니라 메를로 병을 딴다.

그러므로 우리는 이렇게 자문해야 한다. **나는 언제 어떤 순간이든 기독교 신앙에 가장 끌리는가? 오직 하나님만 주실 수 있는 것을 가장 목말라하는가, 아니면 그보다 덜 중요한 무언가를 더 강렬하게 원하는가?** 만약 후자라면 나쁜 선택을 정당화할 위험이 크다. 그래야 기분이 좋아질 테니까. 그렇다면 우리는 도덕성을 잘못 이해하고 사는 것이다. 가장 극심한 갈증이 어떤 것이든, 자연스럽게 느껴지는 그 갈증에 충실하게 사는 사람이 도덕적인 사람이라고 말이다.

이 기준에 따르면, 휴 헤프너Hugh Hefner는 지극히 도덕적인 사람이다. 그는 자기가 경험한 욕망 중 가장 강렬한 욕망인 성적 쾌락을 만끽하기 위해 살았다. 짐작건대 그는 성적 욕망보다 더 큰 갈증은 없다고 느꼈을 것이다.

도덕에 관한 이 잘못된 이해에 따르면, 아돌프 히틀러도 도덕적인 사람으로 분류될 것이다. 사는 동안 히틀러가 한 선택은 특정 인종 전체에 대한 근거 없는 적대감을 마음껏 표출할 수 있는, 오만하기 짝이 없는 권력에 그가 가장 강하게 끌렸다는 것을 보여 준다. 혹시라도 하나님 기준에서 좋은 사람이 되고 싶은 갈증이 히틀러의 의식에 스며든 적이 있다면, 그는 그 갈증을 억눌렀을 것이다.

요점을 명확히 보여 주는 두 극단적 사례인 히틀러와 헤프너는 하나님에게 용서받고 싶은 갈증, 하나님 품에 안기고 싶은 갈증, 다른 사람들과 맺는 관계를 통해 예수를 드러내고 싶은 갈증에 전혀 영향을 받지 않았다. 그래서 다른 길을 선택했다.

하지만 분명히 해 두자. 복음에 매력을 느끼지 못해서 복음을 거절했다는 평계는 통하지 않는다. 바울의 말을 들어 보자. 바울은 하나님께서 진리를 환히 드러내 주셔서 진리가 사람들에게 환히 드러나 있으므로, 하나님에 관한 진리를 가로막는 사람들에게는 하나님의 거룩한 진노가 나타난다고 말한다(롬

1:18-20).⁴ 복음을 거절한 죄를 용서해 달라는 애원은 받아들여지지 않을 것이다. 당찮은 용서를 구하는 애원은 모두 받아들여지지 않을 것이다.

모든 그리스도인의 영혼에는 하나님을 향한 갈망, 하나님을 알고 하나님께 영광을 돌리고 싶은 갈망, 무엇보다 강렬하나 아직 채워지지 않은 이 갈망이 살아 있다. 그러나 나는 다른 사람들과 함께 반사적으로 이 갈증에 둔해질 방법을 찾고, 내가 관리할 수 있고 내 통제 아래 언제든 해소할 수 있는 갈증에 집중한다. 가끔은 지금보다 경제적으로 조금 더 넉넉해지고, 건강이 조금 더 호전되고, 가족들 및 친구들과 행복한 관계를 유지하는 것 외에는 더 바라는 게 없다고 하나님께 기도한다.

하나님이 기도에 응답하지 않으시면, 그러니까 돈 걱정이 끊이지 않거나, 수술을 더 해야 하거나, 가까운 관계에 불안한 긴장감이 맴돌면, 골칫거리에서 벗어나고 싶은 갈증, 고통스러운 감정을 둔하게 만들 쾌락을 누리고 싶은 갈증을 강하게 느낀다. 그러면 갈증을 해소할 익숙한 방법들이 나를 유혹한다. 당연히 거부해야 한다는 것을 알고 있는데도 말이다.

영혼 깊은 곳에 있는 가장 중요하고 거룩한 갈증을 자각할 때만, 비로소 죄를 뿌리치고 생명을 흘려보내는 선택을 갈망할 수 있다.

실망스러운 일을 겪든, 거절을 당하든, 몸에 문제가 있다는 의사의 진단을 받든, 어떤 형태의 고통이든 간에 우리가 영혼 가장 깊은 곳에 자리한 갈증을 깨닫는 것은 성령의 손에 달려 있다. 그러니 어려움이 닥치면 우리 마음과 생각 속에 좋은 것들을 발달시킬 기회로 여겨야 한다(약 1:2-4).

분명한 선택지가 두 개 있다. 분노와 절망에 빠져 하나님에게서 도망치든가, 두려워 떨며 하나님을 신뢰하든가. "내가 이렇게 된 건 다 하나님이 내가 바라는 대로 나를 보호해 주지 않아서야"라고 침상에 엎드려 통곡하든가(호 7:14), 나와 다른 사람들과 이 세상의 타락을 애통해하면서도 성자가 누리는 성부의 사랑 안으로 나를 데려가시는 예수를 신뢰하든가. 후자의 경우 내가 진심으로 애통해하는 이유는 예수께서 나를 위해 변함없이 애쓰신다는 사실을 알기 때문이다.

우리는 시편 기자와 함께 "하나님께 가까이 있는 것이 나에게 복이니"(시 73:28)라고 말하는 법을 배우고,[5] "하나님, 사슴이 시냇물 바닥에서 물을 찾아 헐떡이듯이, 내 영혼이 주님을 찾아 헐떡입니다"(시 42:1)라고 노래하는 법을 배울 것이다.[6] 우리는 하나님을 향한 갈증을 느낀다. 이제 우리가 내리는 선택은 거룩한 갈증, 우리를 하나님 곁으로 이끄는 갈증에 영향을 받을 것이다.

* * *

   이 장에서 다룬 내용을 요약하면 다음과 같다.

   첫째, 우리는 하나님의 진리를 알고 그 진리를 토대로 선택해야 한다. 이는 가능한 일이다.

   둘째, 우리는 하나님을 향한 갈증을 느끼고 그 갈증이 이끄는 대로 선택해야 한다. 이는 바람직한 방향이다.

   중독성 충동을 뿌리치고 다른 사람들에게 거룩한 생명을 흘려보내려면, 이러한 선택이 필요하다. 우리 안에 있는 진짜 생명을 다른 이들에게 흘려보낼 때 어떤 중독으로도 해갈되지 않는 거룩한 갈증은 더욱더 심해진다.

14.
좁은 길을 걷는 이들에게

　마지막 장을 남겨 두고, 기운을 차리기 위해 책상에서 눈을 떼고 소파에 길게 누워 잠시 쉬었다. 이번 장이 이 책에서 가장 중요한 장이 될 것 같다는 생각이 든다. 아닐 수도 있지만, 왠지 그럴 것 같다. 처음 소파에 앉을 때는 앞 장인 13장을 다시 손본다고 여섯 시간 동안 책상 앞에 앉아 있느라 뻐근해진 허리를 좀 쉬게 해 줄 요량이었다.

　소파에 털썩 주저앉을 때만 해도 기도할 생각은 없었다. 그런데 어느새 하늘에 계신 성부 하나님, 여러 면에서 내 육신의 아버지와 닮은, 은혜가 충만하신 하나님 아버지와 대화하고 있었다. 허리를 펴고 쉬기 전에 다시 손본 13장에서 흘러나온 것이 분명한 문장들이 머릿속을 맴돌았다. 갈망과 소망이 낯설지만 생생하게 살아 있는 것만 같았다. 최대한 기억을 되짚자면, 대충 이런 내용이었다.

아버지, 은혜로 말미암아 제가 아버지의 자녀가 된 것을 압니다. 아버지께서는 성경을 통해 그 사실을 분명히 말씀하셨지요. 하지만 아버지께서 아들 예수께 품으신 사랑과 같은 사랑을 제가 실제로 경험하고 느낀다는 게 저에게 어떤 의미인지, 저는 감히 상상조차 할 수 없습니다. 예수께서는 아버지께 실망을 안긴 적이 한 번도 없으시죠. 하지만 저는 너무 자주 아버지께 실망을 안겨 드립니다. 아버지의 사랑은 예수께서 십자가에 못 박히기까지 그분의 33년 인생을 움직였습니다.

비천한 제 영혼은 저를 향한 아버지의 그 큰 사랑을 제대로 알고 오롯이 경험하는 데 어려움을 겪고 있습니다. 저는 여전히 중독성 충동에 무릎을 꿇습니다. 하지만 아버지께서 저를 사랑하신다는 사실을 믿습니다. 그리고 느낍니다. 가끔은 강렬하게, 심지어 몇 번의 계절이 바뀌는 동안 내내 아버지의 사랑을 실감할 때도 있습니다. 하지만 저는 저를 향한 아버지의 사랑을 훨씬 더 온전하게, 더는 바라는 것이 없을 만큼, 더 소중히 여기는 것이 아무것도 없을 만큼, 더 즐기는 것이 아무것도 없을 만큼, 제 사랑을 아버지께 보여 드리고 아버지의 사랑을 다른 이들에게 보여 주는 일이라면 무엇이든 기꺼이 할 만큼 온전하게 경험하기를 원합니다.

아직은 그렇게 온전하게 경험하지 못하지만, 과정 중에 있다고 생각합니다. 저는 정말로 갈증을 느낍니다. 이 책을 쓰다 보니 갈증이 더 심해집니다.

갈증으로 가득 찬 글을 읽으면서, 나는 은혜로 말미암아 아들 예수께서 경험하신 만큼 나도 하나님의 사랑을 경험하게 되리라고, 악한 충동(그런 충동이 악한 것임을 인정한다는 전제 아래)을 뿌리치고 예수께서 우리를 사랑하신 것과 같이 다른 사람들을 조금 더 사랑하여 그들이 하나님의 사랑을 조금이나마 맛보게 할 만큼 나도 하나님의 사랑을 경험하게 되리라고 더욱 확신하게 되었다. 기도를 마치자, 소파에서 일어나 글을 쓰고 싶어졌다.

그저 내가 느낀 것을 함께 나누고 싶었다. 펜을 내려놓기 전에 이야기할 것이 두 가지 더 있다. 맞다. 나는 모든 글을 펜으로 종이에 쓴다. 첫 번째는 지금까지 이 책을 읽어 준 독자들에게 개인적으로 하는 말이다. 두 번째는 나에 관한 개인적인 말이다. 앞에 쓴 13개 장이 내게 어떤 영향을 끼쳤고 어떤 영향을 끼치고 있는지, 그리고 이 책이 여러분에게 어떤 영향을 끼쳤으면 하고 기도하고 있는지에 관한 이야기다. 조심스럽지만,

다시 펜을 들었다.

* * *

여러분은 중독과 씨름하고 있다. 당연히 그럴 것이다. 모두가 그러니까. 여러분이 씨름하는 대상이 '중독' 하면 쉽게 떠오르는 것, 이를테면 알코올 중독, 약물 중독, 섹스 중독, 음식 중독, 돈 중독 같은 것은 아닐 수 있다. 어쩌면 정말 그럴 수도 있고. 많은 사람이, 많은 그리스도인이 다른 사람들 모르게 이런 중독과 씨름한다. 나는 지금 여러분이 어떤 상황인지 정확히 모르지만, 그래도 한 가지는 알고 있다. 나와 마찬가지로, 여러분은 여러분이 잉태된 그날부터 여러분의 일부였던 중독과 씨름하고 있다. 자기 자신에 대한 중독, 최대한 머리를 굴려 자신의 이익을 구하려는 중독에 빠져 허덕이고 있다.

예수를 통해 구원받기 전까지, 여러분은 하나님 외에 다른 곳을 기웃거리며 자연스럽게 자신의 이익을 좇으며 살았다. 이제 여러분은 그리스도인이다. 그러나 자아 중독은 여전히 여러분 곁에 딱 붙어 있다. 여러분은 자아 중독에서 벗어날 수 없다. 때로는 여러분을 향한 하나님의 선하신 뜻 밖에 있는 다른 우물에서 여러분이 갈망하는 만족감을 얻을 수 있을 듯 보인다. 때때로 조금 주고 많이 받을 심산으로 다른 이들과 관계를 맺기도 한다. 우리 모두 그렇다. 정말로 성숙한 그리스도인들은 받기보다는 주기 위해 관계를 맺을 때가 더 많지만, 항상 동기까지 순수한 것은 아니다.

혹시 술을 너무 많이 마시거나 불법 약물을 사용한다면, 여러분에게는 탐닉할 기회가 아주 많을 것이다. 근처에 주류 판매점이 있을 것이다. 아마도 식료품점은 더 가까이 있을 것이다. 어떤 주에서는 녹색 기호나 글자가 쓰인 상점에서 합법적으로 의료용 마리화나를 구할 수 있는데, 더러 기분전환용으로 사용하기도 할 것이다. 더 심각한 경우에는 밀매업자를 찾을 수도 있다. 시내를 배회하다가 어찌어찌하여 밀매업자를 만나기도 하고, 심지어 그리스도인 친구들이 연 파티에서 마리화나를 접하기도 한다.

여러분이 섹스 중독에 빠져 씨름하고 있다면, 유혹은 어디에나 있다. 컴퓨터 화면에도, 대다수 영화에도, 텔레비전 쇼에도 유혹이 도사린다. 풍부한 상상력의 고삐가 풀리면, 물건을 사러 간 쇼핑몰과 일하러 간 직장, 공부하러 간 학교, 심지어 예배하러 간 교회마저도 성욕을 자극하는 기회가 된다.

어쩌면 여러분이 찾는 것이 음식일 수도 있다. 대부분 단 음식일 것이다. 음식이 아니라면 돈일 수도 있다. 자기중심성, 가끔은 필요한 것 같고 당연한 권리처럼 느껴지기도 하는 '기분을 풀고 싶은 욕구'는 거의 모든 곳에 착륙할 수 있다. "저 사람에게 무언가를 얻어 내. 어쩌면 네가 하나님을 위해 하는 일을 더 잘하는 데 필요한 것일 수도 있어." 이런 요구를 한다면, 여러분은 중독된 것이다. 어쩌면 여러분이 원하는 것이 존경심일 수도 있다. 다른 이들에게 존중받을 때 자신이 중요한 사람처럼 느껴지니까. 여러분에게 관심을 보이는 사람이 있으면, 외로운 느낌이 덜 들 것이다. 여러분에게 애정을 보이는 사람이 있으면, 자신이 왠지 필요한 사람 같고 성적으로 매력 있는 사람처럼 느껴질 것이다.

위에 언급한 모든 것, 아니 그 이상을 원하는 것은 인간에게 자연스러운 일이다. 그러나 이런 것들을 누릴 권리가 여러분에게 있다고 믿고, 그래서 이것들을 당연하게 요구하는 것은 부당하고 죄가 된다. 그것은 여러분의 권리가 아니다. 그러나 정상적이고 건강한 욕구인 것은 맞다. 여러분과 마찬가지로 나 역시 하나님이 주신 소명을 감당하며 살려면 어느 정도의 인정과 지원은 필요하다는 자기중심적이고 이기적인 기대감을 품고 살아왔다. 내가 중요한 사람이라는 느낌이 들도록 사람들이 나를 존중해 주길 기대했고, 내 삶에 관심이 있는 사람이 있다는 사실을 알 수 있게 누군가 내게 호기심 어린 시선을 보내 주길 바랐고, 내게 매력이 있다는 사실을 깨닫도록 누군가는 내게 애정을 보여 주길 기대했다.

나는 하나님 앞에 다 드러났다. 위에서 말한 모든 것은 전부 다 내 이야기다. 여러분도 그럴 것으로 생각한다. 그러나 나는 내가 가장 살고 싶은 삶을 사는 데 필요한 모든 것을 하나님에게서 받는다. 다른 이들에게 인정받고, 지지받고, 존중받고, 호기심과 애정을 받는 건 기분 좋은 일이고 정말로 복된 일이다. 그런 일이 일어나면 즐겨라. 그러나 그것을 목표로 산다면, 그것을 당연한 권리처럼 기대하고 요구한다면, 여러분은 관계에 중독된 것이다.

사탄은 관계 중독을 조종할 때 최고로 사악해진다. 사탄은 거짓말쟁이다. 여러분은 자기가 무슨 짓을 하는지 알지 못한 채 누군가를 조종하고, 방어적인 태도로 누군가에게서 뒷걸음치고, 누군가에게 복수한다. 만약 양심에 가책을 느껴 여러분이 즐기고 있는 것이 바로 '악'이라는 사실을 깨달으면, 사탄은 여러분을 부추겨 그게 그렇게 잘못된 일은 아니라고 생각하게 만든다. 설사 잘못된 일이라 하더라도, 그럴 수 있다고 정당화하게 만든다. 누군가 여러분에게 상처를 주었을 수도 있다. 그 사람은 여러분이 사랑하는 배우자일 수도 있고, 아들이나 딸일 수도 있고, 친구일 수도 있고, 목사일 수도 있고, 부모일 수도 있고, 심리치료사일 수도 있다. 그들에게는 여러분을 그렇게 대할 권리도 이유도 없다. 그런데도 여러분에게 상처를 준다. 사탄의 세계에 온 것을 환영한다.

여러분은 고통받아 왔고, 지금도 고통받고 있다. 육체적인 고통은 아니더라도, (여러분의 처지에 공감하고 측은히 여기는 사람이 아무도 없으면) 되새기던 상처의 기억이 마치 오늘 받은 상처처럼 느껴져 마음이 괴롭다. 오늘도 실망스러운 일이 많아 쓰라린 기억은 계속 쌓여 간다.

"내가 얼마나 괴로운지 알면, 내 반응이 어땠든 사람들도 나를 두고 이러쿵저러쿵 판단하지 않을 텐데…. 다 이해해 줄 텐데…."

하나님은 우리의 고통을 아신다. 우리 영혼에 박힌 아픔 하나하나를, 고통스러운 순간순간을, 전부 아신다. 그리고 우리와 함께 가슴 아파하신다. 그러나 하나님은 우리가 자기방어적인 태도로 관계를 맺는 건 봐주지 않으신다. 마음이 괴로우니 그럴 만도 하지, 라고 이해해 주지 않으신다. 하나님은 그보다 더 나은 일을 하신다. 하나님은 우리를 용서하신다!

여러분은 그리스도인이다. 그리고 실패했다. 여러분은 그 사실을 알고 있고, 부정하지 않는다. 잘못을 받아들이고, 그런 행동이 잘못임을, '관계적 죄'임을 고백한다. 여러분은 다른 사람들의 이익이 아니라 자기 자신의 이익을 먼저 생각한다. 어쩌면 포르노를 보거나 술을 한 잔 더 마시면서 스스로 치료했을지도 모른다. 여러분에게 상처 준 사람에게 원한을 품고, '저 사람보다는 내가 더 낫지' 하는 우월감을 느끼며 기분을 풀기도 한다.

그러나 이제 여러분은 하나님이 보시기에, 거룩하고 은혜롭고 자비롭고 헌신적인 사랑을 베푸시는 하나님의 기준으로 볼 때, 실패했다는 사실을 깨닫는다. 어떤 식으로든 모두가 매일 실패한다. 우리는 관계 면에서 하나님의 영광에 이르지 못한다. 자신을 희생하면서까지 우리를 사랑하신 하나님을 우리가 어떻게 따라가겠는가. 여러분도 그 사실을 잘 알고 있다. 어쩌면 여러분은 자기혐오라는 오만한 구렁에 빠져 있는지도 모른다.

아, 나도 안다. 여러분은 나와 똑 닮았다. 그래서 잘 숨긴다. 계속 그렇게 경건한 가면을 쓰고 있는 편이 더 나을지도 모른다. 굳이 경멸과 험담의 빌미를 줄 이유가 있겠는가? 여러분은 여전히 잘 웃는다. 속으로는 하나님에게 화가 나 있으면서 겉으로는 하나님의 선하심을 이야기한다.

잠이 오지 않는 새벽 2시, 여러분은 생각한다. 나는 패배자일까? 나는 가짜일까? 나는 가망 없는 사람일까? 기독교가 진리이긴 한 걸까? 여러분이 믿는 기독교, 여러분이 믿는 하나님은 여러분이 기대한 대로 움직이지 않는다. 하나님은 어디 계실까? 아마도 다른 곳에 계신 듯하다. 나는 누구인가? 배교자? 어쩌면 구원받지 못한 것인지도 모른다. 그럼 이제 어떻게 해야 하나?

나도 겪어 보았다. 새벽 2시가 아니라 4시일 때가 더 많지만, 지금도 가끔 그런 생각에 빠지곤 한다. 우리는 그리 다르지 않다. 여러분이 기대한 것은 무엇이었나? 우리 모두 자기 자신에게 중독되어 있다.

우리가 원하는 것, 우리가 행복해지는 데 필요한 것, 우리 방식대로 사는 데 필요한 것을 하나님이, 다른 사람들이, 이 세상이 우리에게 주길 바란다. 그래야만 한다! 그러면 우리는 경건하게 살며 악한 충동을 뿌리칠 것이다. 이것이 우리 생각이다.

내 조언이 필요한가? 내가 하는 말은 여러분 마음에 들 수도 있고, 들지 않을 수도 있다. 적어도 나한테는 효과가 있었다. 정말로? 완벽하게? 물론, 아니다. 의미 있는 수준으로? 맞다. 나는 포기하지 않았다. 나는 지금 그 어느 때보다 더 하나님을 갈망하고 있다. 가끔 차를 운전하면서 오래된 찬송가를 부르다가 기쁨의 눈물을 흘리곤 한다. 나는 하나님을 원한다! 하나님은 나를 원하신다! 이 갈망은 때때로, 예전보다 더 자주, 내가 맺는 관계를 통해 드러난다.

간단한 주의 사항이 있다. 지금 나는 성공이 보장된 5단계 계획을 염두에 두고 있지도 않을뿐더러, 정확하고 쉽게 따를 수 있는 길을 명쾌하게 밝혀 줄 일련의 방안을 제시할 생각도 없다. 그러나 도저히 거부할 수 없을 것만 같은 중독이 그 힘을 잃도록 성자를 향한 성부의 사랑을 풍성하게 나누고 싶어 하는 여러분과 나의 강렬한 갈망(어쩌면 아직 발견되지 않았을지 모를)에서 비롯된 생각이 몇 가지 있다. 이 생각에는 받아들이고 따라야 할 몇 가지 제안이 섞여 있다. 이러한 제안이 설계하는 계획은 절대 실패할 일이 없을까? 더는 악한 충동에 무릎 꿇지 않도록 보장해 줄까? 그렇지 않다. 그래도 생명으로 가는 좁은 길을 걷는 데 도움이 되지 않겠는가? 힘을 불어넣어 주지 않겠는가? 그러리라 생각한다. 나는 이 제안을 따라 살고 있고, 더 잘 살아 내길 갈망하고 있다.

내 조언은 다음과 같다. 말했듯이, 여러분 마음에 들 수도 있고, 안 들 수도 있다. 어느 쪽이든, 내 조언은 이렇다.

- **지금 있는 자리에 있어라!** 여러분의 어둠, 혼란, 씨름, 실패 한가운데서 살아라. 그곳이야말로 하나님을 만날 최고의 기회다. 하나님은 우리가 있는 척하거나, 있고 싶

어 하는 자리가 아니라, 우리가 있는 자리에서 우리를 만나 주신다. 여러분이 솔직하게 털어놓고 아무것도 가장하지 않는 만큼, 여러분 영혼 가장 깊은 곳에 자리한 하나님을 향한 갈망을 발견할 것이다. 여전히 여러분을 원하는 유일한 분이 바로 하나님이시다. 누군가에게 필요한 사람이 되길 갈망하는 순간이야말로 최악의 순간이다.

- **다른 사람에게 말하라.** 한 명이면 된다. 여러분이 정직한 투사라고 믿는 사람, 방어적인 태도를 보이거나 잘난 체하거나 비판하길 좋아할 가능성이 낮은 사람. 도와주거나 동정하거나 바로잡거나 꾸짖지 않고, 그저 옆에 있어 줄 사람을 붙여 달라고 기도하라. 여러분을 보고 미소 지으며 상투적인 말을 늘어놓거나, 여러분의 잘잘못을 가리려고 애쓰지 않을 사람. 누군가와 함께 있으면 새로운 생각이 떠오른다. 희망이 되살아난다. 그리 외롭지 않을 것이다. 그리고 그 경험은 여러분이 혼자가 아니라는 생각으로, 여러분을 속속들이 알고도 여러분을 원하는 유일한 분에게로 이끌어 줄 것이다. 예수께서 하신 말씀을 기억하라. "보아라, 너희가 나를 혼자 버려 두고, 제각기 자기 집으로 흩어져 갈 때가 올 것이

다. 그 때가 벌써 왔다. 그런데 아버지께서 나와 함께 계시니, 나는 혼자 있는 것이 아니다"(요 16:32).[1] 그러니 완벽하게 여러분과 함께 있으라고 누구에게도 요구하지 마라. 그들과 가장 가까운 상태가 예수께서 성부와 함께 계실 때 느끼셨던 친밀함으로 여러분을 이끌게 하라.

- **기도하며 하나님과 계속 대화하라.** 악을 즐긴다는 것이 무엇을 의미하는지 알고 있다는 추악한 진실을 인정하고 고백하라. 여러분보다 더 확실하게 실패한 사람을 생각하며 극악한 현실을 외면하지 마라. 대신, 죄의 구렁텅이에 혼자 있는 것이 아니라는 사실을 깨달아라. 바울이 한 말을 기억하라. "나는 내가 원하는 선한 일은 하지 않고, 도리어 원하지 않는 악한 일을 합니다"(롬 7:19). 이런 고백을 통해 바울이 얼마나 거룩한 삶을 살았는지 생각해 보라.

- **귀를 기울여라.** 귀 기울일 때가 되면, 자연스럽게 알게 된다. 여러분이 한 모든 말에 하나님이 어떻게 반응하시는지 간절히 알고 싶어질 때, 그때가 바로 귀를 기울일 때다. 요한복음 3장 16절과 로마서 1-8장, 그리고 머릿속에 떠오르는 수많은 성경 구절을 읽을 시간이다.

존 스토트John Stott가 쓴 《그리스도의 십자가The Cross of Christ》도 읽어라.[2]

- **절박하고 겸손한 영혼에 복음 진리가 활활 타오르게 하라.** 여러분이 가장 못난 순간에 하나님의 아름다움을 가장 선명하게 보게 될 것이다. 물론 죄를 완전히 끊지는 못할 것이다. 매일 회개하며 살아야 한다. 대신에 구원, 거듭남, 화해, 즉 경이로운 은혜가 죄인이자 성도인 여러분으로 하여금 하나님의 사랑을 누리고 널리 전할 수 있게 할 것이다.

여러분은 길 위에 있다. 좁은 길을 걷는 여정에서 여러분과 계속 함께할 동반자는 '수치심'이 아니라 '고백'이다. 계속 씨름해야 한다. 씨름하나 보면 실패할 때도 있을 것이다. 그럴 때는 빨리 회개하고, 은혜를 찬양하고, 계속 나아가라. 하나님의 사랑을 더욱더 깊이 알고 싶은 갈망 가운데 단호하게 계속 나아가라. 이제 여러분은 그리스도인의 삶을 살고 있다.

15.
나의 이야기, 그분의 이야기

원래는 이 책을 14장으로 마무리할 계획이었다. 그런데 지금 15장을 쓰고 있다. 해명하자면, 출판사에는 대단히 미안하지만, 나는 집필 전에 책의 밑그림을 그려 본 적이 한 번도 없다. 할 수도 없고, 할 생각도 없다. 밑그림을 그려 놓으면, 리듬이 깨지고 말 것이다. 나는 생각이 떠오르면, 한 장章을 쓴다. 그러고 나서야 다음 장에 쓸 내용이 또렷해진다. 책이라고 부를 만한 모양을 갖출 때까지 그렇게 글을 쓴다.

14장을 쓰기 시작했을 때 두 가지 이야기로 이 책을 마무리할 생각이었다. 하나는 이 책을 읽어 준 여러분에게 하는 이야기였고, 또 하나는 나에 관한 이야기였다. 내가 쓴 글이 내 삶에 어떤 영향을 끼치고 있는지 나누고 싶었다. 그런데 이 책의 독자인 여러분에게 전하는 말이 생각보다 길어져서 한 장을 구성하기에 충분한 양이 되었다. 그래서 계획을 급하게 수정했다. 일종의 부록 개념으로, 중독과 씨름해 온 나의 여정에 관해 몇 단락을 추가해서 14장 끝에 한 페이지만 덧붙이기로 했다.

그런데 어젯밤, 계획이 뜻대로 되지 않았다.

치료를 위해 사흘간 격리해야 했는데, 어제가 이틀째였다. 의사가 내 간에 생긴 몇 개의 악성 종양에 방사선을 조사한 뒤 스테로이드제를 이틀 치 처방했다. 그런데 그 약물의 공통된 부작용이 바로 불면증이다.

어젯밤 10시가 되기 전에 손님방에 있는 침대에 기어들었다. 한 시간쯤 선잠을 자다가 깨서 이 책의 메시지를 생각하며 이불 속에 누워 있었다. 생각은 한 시간 넘게 이어졌다. 생각하다 지쳐서 이미 반쯤 읽은 루이즈 페니Louise Penny의 소설책을 집어 들었다. 살인 미스터리는 흥미로웠지만, 새로운 피로감이 몰려왔다. 축 늘어졌다가 다시 잠깐 선잠을 갔다. 새벽 3시가 되자 정신이 말똥말똥해졌다. 그래서 다시 생각에 빠졌다. 많은 생각이 오갔다. 약에 취해서 활기와 기운이 솟는 듯했고 해방감마저 느껴졌다. 궁금했다. 약을 먹고 정신이 멍해져서 이렇게 흥분되는 걸까? 약 기운이 사라져도 새로 떠오른 생각이 여전히 신선해 보일까?

아침이 밝았다. 진하게 내린 커피를 두 잔 마시니 안개가 걷혔다. 어젯밤에 떠오른 생각이 그대로 남아 있었다. 그대로 남아 있을 뿐 아니라, 어느 정도 체계를 갖추고 있었다. 그 생각들이 중독성 충동으로부터 더 큰 자유를 얻도록 나를 이끌어 주리라는 느낌이 들었다. 지금까지 쓴 것만 벌써 몇 단락이 넘는다. 그리하여 15장이 나왔다.

* * *

하나님이 우리 인간에게 주신 가장 독특한 선물은 아닐지라도 상위권에 꽤 근접한 선물이 있다. 바로 '선택할 자유'다. 파스칼이 '인과 관계의 존엄성'이라 칭했던, 하나님이 인간에게 주신 존엄성을 가지고 나는 삶의 방향을 자유롭게 선택한다. 이 선물은 진짜다. 아담과 하와는 스스로 선택했다. 그리고 이제는 우리도 선택할 수 있는데, 유감스럽게도 적어도 처음에는 늘 그들과 같은 선택을 한다.

우리는 한결같이 아담과 하와의 전철을 밟았고, 끔찍하게 나쁜 선택을 했다. 우리는 생명을 약속하고 죽음을 내놓는 원천들을 좇는다. 우리가 한 선택이 현명하지는 않더라도 타당하고 필요하다고 어떻게든 자신을 설득한다.

나쁜 선택에 중독되었는데도, 자신을 자유로운 선택자가 아니라 피해자로 여긴다. "포르노를 왜 봐?" 아내가 남편에게 물으면, 남편은 이렇게 대답한다. "미안해, 여보. 그런데 나도 어쩔 수가 없어. 중독돼서 그래." 어떤 이가 자기 친구에게 진저리를 친다. "넌 늘 나랑, 아니 모든 사람이랑 거리를 둬. 우리 우정은 진짜 같지가 않아." 친구는 이렇게 변명한다. "내가 그동안 상처를 너무 많이 받아서 그래. 이제는 내가 날 보호해야 해. 네가 이해해 주었으면 좋겠어. 나한테는 선택의 여지가 없어. 위험을 피하려면 신중해야 하니까."

요즘은 관계적 빈곤이 만연해 있다. 이제는 영혼과 영혼이 이어지는 관계가 일반적이지 않고 희귀하다. 우리는 외로움을 느끼면서도 그 사실을 부정하며 살아간다. 예수께서는 우리에게 관계적 삶을 주러 오셨다. 그러나 우리 중 누구도 예수께서 주시는 기쁨에 참여할 기회를 스스로 잡으려 하지 않는다. 우리는 자기만의 행복감을 좇으며 삶을 관리하는 쪽을 더 좋아한다.

믿을 만한 사람의 말이다. 바울의 말을 들어 보자.

> 깨닫는 사람도 없고, 하나님을 찾는 사람도 없다. 모두가 곁길로 빠져서, 쓸모가 없게 되었다. 선한 일을 하는 사람은 없다. 한 사람도 없다(롬 3:11-12).[1]

바울은 훨씬 더 이전의 작가이자 같은 비극을 알아보았던 시편 기자의 말을 인용했다.

> 주님께서는 하늘에서 사람을 굽어보시면서, 지혜로운 사람[지혜롭게 사는 사람]이 있는지, 하나님을 찾는 사람이 있는지를, 살펴보신다. 너희 모두는 다른 길로 빗나가서 하나같이 썩었으니, 착한 일을 하는 사람[지혜롭게 선택하는 사람]이 하나도 없구나(시 14:2-3).[2]

통렬한 고발이다. 그러나 우리 문화는 이러한 고발이 사실이 아니라고 부인한다.

"썩은 사과 몇 개야 늘 있게 마련이죠. 하지만 대부분은 선의를 지니고 있습니다. 우리는 근본이 착한 사람들이에요."

우리들은 이렇게 생각한다. 그러나 인간의 영혼을 더 깊이 들여다보라. 우리는 모두 마음 저 밑바닥에 자리한 갈증, 중요한 존재가 되고 싶고 사랑받고 싶은 갈증을 해소하기 위해 하나님이 아닌 누군가 또는 무언가에 중독되어 있다.

어리석기 짝이 없다. 이 어리석음은 우리 각자가 책임져야 한다. 그런데도 우리는 변명하기 바쁘다. 우리가 한 선택인데 선택처럼 느껴지지 않는다.

"우리는 선택을 제어할 수 없어. 중독되었으니까. 우리는 중독이라는 치명적인 질병의 피해자야."

우리 눈에는 그래 보인다.

"암에 걸린 게 내 책임이 아니듯 도덕적 실패도 내 책임이 아니야. 내 잘못이 아니라고. 나를 도와줘. 나를 치료해 줘."

하나님의 진리를 알고 그 진리를 토대로 내린 선택과 하나님을 향한 거룩한 갈증에 영향을 받은 선택을 제외하면, 모두가 잘못된 선택을 한다. 우리를 지배하는 자기중심성으로부터 우리를 해방하실 수 있는 분, 예수처럼 사랑하도록 우리를 자유롭게 하실 분이 하나님인데, 하나님을 찾는 이가 아무도 없다. 그런데 왜일까? 값없이 주시는 생명의 선물로 우리를 이끄는 데 하나님의 영은 왜 필요할까? 우리가 그 정도로 어리석은가?

나는 이해하지 못하지만, 성경은 가르친다. 우리는 아담과 하와와 함께 에덴동산에서 하나님이 금하신 나무, 곧 선과 악을 알게 하는 나무의 열매를 다 같이 따서 먹었다. 그리고 '자유'라는 선물이 부패해질 때까지 그 열매를 꼭꼭 씹어 소화까지 시켰다. 그 오만함에 관해서는 논쟁의 여지가 없다. 우리는 우리 눈에 진실 같아 보이는 것을 근거로 선택할 권리, 그 순간에 해소해 달라고 가장 크게 아우성치는 갈증에 영향을 받아 선택할 권리가 우리에게 있다고 주장했다. 이제 우리는 자기중심성, 자기 관리, 자기 고양, 자기방어라는 벽 안에 갇혀 있다. 우리는 하나님의 지배권과 자비로운 지혜로부터 독립을 선언했다. '개인의 자유'라는 깃발을 높이 들어 올렸다.

그 결과가 무엇인지 아는가? 바로 '중독'이다! 1차 중독은 자아 중독이고, 거기서 비롯된 수많은 2차 중독은 자신의 통제 아래 자기 방식대로 기분을 푸는 것이다. 우리는 하나님의 사랑에 기쁘게 항복할 자유를 잃었다. 중독은 우리 존재에 깊이 뿌리박힌 생활방식이 되었고, 우리를 구할 수 있는 것은 오직 복음뿐이다.

본론에서 살짝 벗어나지만 짧게 한마디 덧붙이자면, 우리의 몸과 마음이 연결되어 있다는 점을 고려할 때, 물질은 몸을 중독시킬 수 있으므로 고통 경감과 잠깐의 강렬한 쾌락을 위해 물질을 사용하라는 유혹을 뿌리치려면 물리적·화학적 치료가 필요할 수 있다. 그러나 육체적 어려움 이면에는 부패한 선택을 부추기는 요소가 아직 남아 있다. 여전히 문제를 일으키는 장본인은 자기중심성을 매우 좋아하는 우리의 성향, 즉 우리의 악한 본성이다. 그러나 앞서 언급했듯이 '타인 중심'의 새로운 본성을 갖춘 그리스도인들에게 선택을 잘하라고 권면하는 일조차도 피상적이고 일시적인 개선밖에 이루어 내지 못하는 게 일반적이다. 죄에 대한 충동이 아직 남아 있기 때문이다. 거룩에 대한 하나님의 기준에 따르면, 하나님의 진리를 잘 알고 하나님을 향한 갈망에 영향을 받을 때만 선택의 자유가 회복되어 중독성 충동을 뿌리치고 예수처럼 희생적으로 사랑하는 쪽을 선택할 수 있다. 선을 선택할 수 있는 자유는 악을 행하려는 충동을 밀어낸다.

* * *

이제 내 이야기를 하려 한다. 나는 여러분과 똑같이 중독과 씨름하는 동지로서 이 책을 쓰고 있다. 내가 원할 때 내가 원하는 것으로 얻는 위안과 쾌락에 여전히 끌리기는 하지만, 성령께서 해방해 주신 덕분에 이제는 오직 하나님만 주실 수 있는 것을 갈망하는 영혼의 갈증을 인식하고 그것을 좇고 있다. 최대한 현명하게 잘 선택할 수 있는 힘을 회복하고 싶다. 한 문장으로 표현하자면, 다른 사람들에 대한 조급함과 나에 대한 실망감을 경험하는 가운데, 내 영혼 가장 깊은 곳에 자리한 갈망이 예수께서 다시 오실 때 완전히 채워지리라는 확고한 소망으로서, 그리스도가 내 안에 계신다는 사실을 안다는 게 내게 어떤 의미인지 알고 싶다.

내가 방금 쓴 내용이 어젯밤 새삼 명료하게 떠올랐다. 불면증에도 장점이 있다. 불면증 덕분에 혼자 조용하게 생각할 시간이 더 많아졌다. 내 눈에는 복음이 북극성으로 보였다. 풍랑이 거센 '중독'이라는 바다를 건너 '자제력'이라는 안전한 항구로 나를 인도할 북극성.

아내는 수년 동안 고통받는 영혼으로 살아가는 나를 지켜보며 내가 안정을 찾기를 바랐다. 나도 아내와 같은 꿈을 꾼다. 이 타락한 세상에서 가슴 아픈 일과 불확실한 상황과 실망스러운 일을 불가피하게 겪으며 사는 동안 그리스도의 제자들에게는 "모든 일이 서로 협력해서 선을 이룬다"(롬 8:28). 이 확고한 소망과 거기에서 비롯된 굳건한 평화를 알고 있고, 또 경험하기를 갈망한다.

어젯밤에는 안정을 맛보았다. 그 맛은 달콤했다. '안정'은 예전 폭풍보다 더 위협적으로 보였던 '불안'의 폭풍 속에서 발달했다.

무슨 일이 벌어지고 있다. 익숙한 유혹은 어둠 속으로 물러났다. 아직 거기 있지만, 이제 무대 중앙에 서 있지는 않다. 재림을 고대하는 기다림의 가치, 영적 성숙에 대한 진지한 추구, 성자가 성부께 받는 사랑에 참여하라는 호소 등 내가 14장에 쓴 모든 내용이 합쳐지는 듯하다.

나는 복음 진리를 믿었다. 하나님을 향한 영혼의 갈망을 느꼈다. 나는 내가 자유롭다는 걸 알았다. 이 세상과 육신과 악마에게 '아니요'라고 말할 수 있었다. 중독성 충동을 뿌리칠 수 있었다. 내가 가장 원했던 삶으로 가는 좁은 길을 자유롭게 걷고 있었다. 적어도 그 순간에는 그랬다.

나는 놀라운 신비에 둘러싸여 있었다. 이 모든 게 방금 일어난 일이다. 그러나 나는 소망이 회복되는 과정, 금단의 나무를 지나 생명의 나무 아래 앉아 그 열매를 깨물어 먹을 자유가 회복되는 과정에 관해 알 수 있는 건 뭐든지 알고 싶었다.

나는 인지심리학을 공부했고, 행동심리학을 수련했다. '마음챙김'을 통해 파괴적인 생각을 생산적인 생각으로 바꾸도록 가르치는 인지·행동 치료에 관해 알고 있다. 가족체계치료의 본질도 이해하고 있다. 상담실에서 가족 단위 내담자들을 만나고, 가족 간에 생긴 거리감과 갈등에 각 구성원이 어떤 역할을 하고 있는지 스스로 인식하도록 도왔다.

심지어 대학원 시절에 내가 가장 매력을 느낀 분야는 심층심리학이었다. 마음을 휘저어 우리가 겪는 다양한 문제를 일으키곤 하는 사람들 간 역학 관계를 탐구하는 분야다. 이 접근법이 성경과 가장 일치하는 듯 보였다. 히브리서 4장 12절에 나와 있듯이, 성경은 날카로운 양날 칼처럼 마음에 품은 생각과 의도를 밝혀내는 역할을 한다.

시편에서 다윗은 자기 안에서 무슨 일이 벌어져 하나님과 멀어지게 하는지 알고 싶어 한다.

"하나님, 나를 샅샅이 살펴보시고, 내 마음을 알아주십시오. 나를 철저히 시험해 보시고, 내가 걱정하는 바를 알아주십시오"(시 139:23).

역동 치료와 비슷하다. 잠언 20장 5절에서 말하듯이, "사람의 생각은 깊은 물과 같"아서 파악하기 어렵지만, "슬기로운 사람은 그것을 길어 낸다."

이런 성경 구절을 염두에 두고 어젯밤 자신과 대화를 나누었다. 사람 속을 꿰뚫으시는 성령께서 샅샅이 살펴보시도록 마음을 열었다. 그때가 새벽 4시경이었다. 두 단어가 마음에 와서 박혔다. '듣다', 그리고 '이해하다.' 내 영혼에 귀를 기울였다. 얼마 지나지 않아, 내가 끔찍한 외로움을 달래기 위해 사랑하는 엄마 아빠에게 울부짖는 어린 소년임을 알 수 있었다. 두려움을 느꼈다. 누구도 나의 공허함을 채워 줄 수 없다는 사실이 공포로 다가왔다. 나는 그 두려움을 견딜 수 없었다.

70년 전 그때 내 안에서 무슨 일이 일어나고 있었는지, 지금 무슨 일이 일어나고 있는지 감지했다. 나는 알고 있었다. 이해하고 있었다. 전부 나한테 달렸다는 것을. 나는 관계적 빈곤에서 비롯된 지독한 고통, 가슴 미어지는 외로움, 충만함이 깃든 내 안의 공허함을 없애기 위해 무언가 해야 했다.

아주 어렸을 때부터 무대가 마련되어 있었다. 나는 재미있는 사람, 공부 잘하는 학생, 좋은 사람, 진실한 친구가 되려 했다. 살면서 만난 사람들에게 내가 원하는 것을 얻기 위해 무슨 일이든 할 수 있었다. 그러나 절대 충분하지 않으리라는 것도 알고 있었다. 그래서 억지스러운 자신감 아래 깊디깊은 갈증을 묻었다. 그 정도는 할 수 있었으니까. 절망의 늪에 빠지지 않게 막을 수 있었다.

견디지 못한 두려움은 찌꺼기를 남겼고, 그 찌꺼기는 분노가 되어 다른 이들에게 날아갔다. 나는 그들에게 나를 돕기 위해 할 수 있는 일은 무엇이든 하라고 요구했다. 하지만 나를 '힘없고 짜증 나는 거머리', '기생할 개를 찾는다는 속담 속 진드기'에 빗대고 싶지는 않았다.

새벽 5시가 가까워질 무렵, 어느 순간 두 손을 들었다. 나는 하나님의 영이 아니라 내 육신에 뿌리내린 끔찍한 동기, 내 잇속만 차리는 심리로 엉망진창이었다. 그래도 다행히, 겁에 질린 채로 무력하고 외롭게 하나님 앞에 서 있었다. "두려워하지 말라"는 예수님의 반가운 음성이 들리는 듯했다. 그제야 나는 내가 그 두려움을 견딜 수 없다는 사실을 이해했다.

누군가의 영혼에 스며든 공허함을 보시면, 사랑 많으신 하나님은 무언가를 하고 싶어 하신다. 무더운 날 불어오는 산들바람처럼 진리가 나를 휩쓸고 지나갔다. 고통, 용서, 내 인생을 향한 하나님의 부르심, 성자 예수를 사랑하시듯 나를 사랑하시는 하나님의 사랑, 나를 빚어 가시는 성령의 인내, 예수 그리스도의 재림, 내 안에 계신 그리스도로 말미암은 영광의 소망.

그 순간, 나는 하나님과 부활의 능력을 아는 것 외에는 아무것도 원하지 않았다. 선택이라는 선물은 복음 진리를 잘 아는 듯했고, 갈증에 영향을 많이 받는 듯했다. 아버지 하나님과 나를 멀어지게 하고, 아들이신 예수와 나를 멀어지게 하고, 성령과 나를 멀어지게 하는 것은 무엇이든 거부할 힘이 내 안에서 느껴졌다.

나는 쉼을 얻었다. 안정되었고, 외롭지 않았다. 잠을 잤다. 그리고 오늘 아침 7시 30분에 일어났다. 하루를 시작할 준비를 하는데, 노래가 부르고 싶었다. 두 곡이 생각났다. 하나는 오래된 성가 합창곡이고, 또 하나는 오래된 찬송가였다. 두 곡 다 가사가 꼭 내 마음 같았다.

먼저, 합창곡 가사다.

주께 감사하세 내 영혼을 구원하신 주

주께 감사하세 나를 온전케 하신 주

주께 감사하세 구원의 은혜 베푸사

나를 풍요롭고 자유롭게 하신 주

아래는 찬송가 가사다. 총 5절로 된 이 찬송을 여러 번 반복해서 불렀다. 그중 1절과 5절 가사는 다음과 같다.

구세주를 아는 이들 찬송하고 찬송하세

우리가 주께 진 빚 어찌 다 말할까

우리의 모든 것과 우리가 가진 모든 것

기꺼이 주께 드리세

그리하면 우리가 되어야 할 사람 되리니

그리하면 우리가 될 사람 되리니

지금은 우리 것이 아니고 될 수도 없는 것

곧 우리의 것 되리니

그리고 하루가 시작되었다. 처리해야 할 청구서, 회신해야 할 이메일, 걸어야 할 전화가 나를 기다리고 있었다. 열정적으로 높이 날아오르던 마음이 다시 가라앉았다. 그러나 내가 그리스도 안에 있음을, 그분이 내 영광의 소망이심을 알기에 다시 안정을 찾았다.

나는 여전히 비틀거릴 테고, 가끔은 실패할 것이다. 중독성 충동이 매혹적으로 손짓하며 나를 다시 공격할 것이다. 실패할 때면 용서하시는 하나님께 감사할 것이고, 유혹을 물리칠 때면 내 안에서 일하시는 성령을 찬양할 것이다.

그래서 나는 지금 기다리고 있다. 지금은 아무것도 보채지 않는 법을 천천히 배우고 있다. 죄의 향락도, 내가 여전히 갈구하는 다른 사람들의 반응도 요구하지 않는 법을 배우고 있다. 해갈되지 않는 갈증을 고스란히 느끼며, 예수께서 다시 오실 때 일어날 모든 일을 기대하는 법을 배우며 기다리고 있다.

아직 기다리고 있다. 사는 게 무서워지는 순간에도, 내가 무엇을 기다리는지 전보다 지금 더 잘 알고 있다. 나는 이제 거룩한 갈증을 전보다 더 잘 알고, 전보다 훨씬 더 많이 거룩한 갈증에 영향을 받아 선택을 내린다. 내 안을 들여다보는 것이 도움이 되었다. 진정한 변화는 안에서 시작되어 밖으로 뻗어 나가 자유에 이른다.

* * *

유혹이 손짓할 때,

그리스도인은 진리가 무엇인지 기억해야 한다.

때로는 진리가 멀리 있는 것처럼 보인다.

그러나 절대 그렇지 않다.

나가는 말

왜 천국을 기다려야 하는가, 나는 지금 여기 살고 있는데

흰옷을 입은 거룩한 사람들이 구름 위에 앉아 하프를 연주하는 천국을 기다리는 데 관심이 있는 사람은 아무도 없을 것이다. 순전한 사랑으로 타인과 관계를 맺어 가길 갈망하는 사람도 너무 적다. 여전히 우리는 타인에게 사랑받는 데 더 관심이 있다.

우리 마음속 가장 깊은 곳에 자리한 갈망, 예수를 만나고 예수를 누리고 싶은 갈망에 눈을 뜬 그리스도인은 그보다 훨씬 더 적다. 훗날 예수를 만나리라는 전망은 만족스러운 일이라기보다는 한낱 달콤한 동화처럼 느껴진다. 너무 종교적이라서 진짜 같지가 않다.

물도 학교도 의사도 운동장도 턱없이 부족한 아프리카에서 가난하게 사는 아이가 디즈니월드나 맥도널드에 데리고 가겠다는 약속을 믿고 열렬히 기다리는 건 불가능에 가까울 정도로 어려운 일이다. 롤러코스터랑 햄버거? 예쁜 옷을 입은 공주들과 초콜릿 밀크셰이크? 어린 소녀가 아무리 머리를 굴려도 행복한 상상이 펼쳐지지는 않을 것이다.

"언젠가는 천국에 갈 수 있습니다."

"천국이요? 저는 지금 당장 생활이 나아지길 원해요. 밥다운 밥을 먹고 싶어요. 아플 때 나를 돌봐 줄 누군가가 옆에 있었으면 좋겠다고요."

아프리카에 살든, 이란에 살든, 프랑스에 살든, 미국에 살든, 우리가 갈망하는 건 다른 것인데, 굳이 천국을 기다릴 이유가 뭔가? 서글픈 일을 넘어 심각한 문제이지만, 완벽한 세상에서 예수와 함께하는 강렬한 기쁨은 그보다 못한 것을 더 강하게 갈망하는 많은 그리스도인에게 감흥을 주지 못한다.

그런데 천국이 다른 갈증을 모두 풀어 순다고 가정해 보자. 불의를 끝장내고, 탐욕과 압제와 계급 투쟁과 부당한 판결과 강간을 끝장낸다고 가정해 보자. 의미 있는 일과 완벽한 건강, 울 이유가 없는 환경을 제공하고, 지식의 새 지평을 열어 주고, 귀찮은 책임을 모두 내려놓는 안식을 준다고 가정해 보자.

모차르트는 서른다섯에 죽었다. 그의 천재성도 그와 함께 죽었을까? 아니면 지금도 최근에 작곡한 복잡한 선율로 새로운 친구들을 놀라게 하고 있을까? 내 아버지는 무얼 해야 지루함을 달랠 수 있을까 궁금해하면서 빈둥거리고 계실까? 아니면 오랜 세월 가족을 부양하기 위해 고되게 일하느라 미처 개발하지 못했던 지적 능력이 이제야 산마루를 하나씩 넘으며 최고조에 달하고 있을까? 천국에 있는 모든 사람은 훨씬 더 깊은 갈망이 아직 채워지지 않았다는 사실을 깨닫고 갈망이라는 산을 기쁘게 오르며 순전한 기쁨을 느낄까?

아마도 우리는 예수를 만나는 전율을 이야기하기 전에 어린 아프리카 소녀가 자기 안에 있는 갈증에 눈을 뜨고 언제든 마실 수 있는 깨끗한 물을 갈망하게 해야 할 것이다. 어쩌면 우리는 행복한 결혼, 좋은 친구, 건강, 괜찮은 직업, 훌륭한 목회자라는 합법적인 쾌락에 애매하게 파묻혀 있으나 진정한 갈증은 해갈되지 않았다는 사실을 깨닫기 위해 우리 영혼을 들여다보아야 할지도 모른다.

나는 천국을 생각할 때 예수 앞에서 날마다 깊어지는 기쁨을 느끼며 그분의 발치에 앉아 있는 모습을 상상하지 않는다. 물론 그러한 기쁨이 천국의 핵심이 될 것으로 믿는다. 하지만 그 핵심은 내 펜이 써 내려갈 훨씬 더 훌륭한 책에서 다룰 것이다. 진실은 지나치게 이 세상 것 같지 않아서 어쩌면 소설처럼 읽힐지도 모른다. 나는 엘비스 프레슬리 콘서트에 참석해서 그와 함께 노래를 부를지도 모른다. 그 사이 당신은 미술관을 거닐며 라파엘로 산치오가 그린 새 그림을 감상하거나 천국에 오기 전까지 한 번도 들어 본 적 없는 오페라 가수의 노래를 들을 수도 있다.

나는 빌리 그레이엄과 기독교 사회운동가가 멋진 시간을 함께 보내는 모습을 상상한다. "당신은 아프리카 부족에게 깨끗한 물과 함께 학교와 전기를 선물했습니다. 돌보시는 하나님이 계신다는 소망을 그들에게 심어 주었죠. 덕분에 더 많은 갈증에 눈을 뜬 어린 소녀는 텔레비전에서 나를 보았고, 자기 마음속 가장 깊은 곳에 자리한 갈증은 '구세주이자 친구이고 소망이신 예수를 아는 것'임을 깨달았습니다. 당신과 함께 일해서 정말 좋습니다."

그 옆에서 예수께서 미소를 지으신다.

* * *

어머니가 돌아가셨다. 아들은 어머니가 그리웠다. 그래서 어머니의 영혼이 살아 있다고 상상했다. 어머니가 천국에서 쓰신 편지라고 상상하며 몇 통의 편지를 썼다. 수신인에는 동생들의 주소를 쓰고, 편지 끝에는 '엄마'라고 서명했다.

그중 한 편지에 '엄마'는 이렇게 썼다.

여기가 얼마나 좋은 곳인지 어찌 다 말할까. 내가 꿈꾸었던 그 어떤 것보다 더 멋지구나. 뭐라 표현할 말이 없지만, 조금이라도 이야기해 주고 싶다. 아, 잠깐 기다리렴. 문 두드리는 소리가 난다. 어떤 남자가 내게 "당신 세상으로 돌아가야 해요"라고 하더라. 그래서 소리쳤다. "싫어요! 싫어! 여기가 너무 좋아요. 그곳에서 좋았던 것을 모두 준대도 돌아갈 수 없어요." 그 남자는 떠났다. 친구에게 대체 그 남잔 누구냐고 물었다. 친구가 이렇게 대답하더구나. "아, 나사로야. 이곳에 새로 온 모든 사람에게 그렇게 말해." 껄껄 웃었다. 나는 여기 있을 거야!

내가 줄 수 있는 것보다 더 큰 사랑을 담아,
엄마가.

실제 있었던 일이다. 오빠는 편지를 써서 여동생들에게 보냈다. 방금 위에 쓴 편지는 그가 쓴 편지 중 하나를 읽고 기억나는 대로 적어 본 것이다. 그가 쓴 편지는 이보다 훨씬 더 훌륭했다.

할아버지는 아버지가 다섯 살 때 돌아가셨다. 80대 초반 무렵, 아버지는 어느 날 밤 단잠을 자다가 갑자기 깨서 묘하게 '순전한 기쁨'이라는 두 단어에 눈을 뜨셨다. 그리고 할아버지의 존재를 분명하게 인식하게 되었다. 눈으로 본 것은 아니지만, 정확히 인식했다.

아버지는 자리에서 일어나 앉았다. 한때 "아빠"라고 불렀던 남자가 옆에 있는 것을 깨닫고 이렇게 물었다.

"아빠, 저 위는 어때요?"

그러자 실제로 음성이 들리지는 않았지만, 마치 실제 목소리를 귀로 듣는 듯했다. 할아버지는 이렇게 대답하셨다.

"네가 직접 보려무나. 네 즐거움을 망치고 싶지 않구나. 분명히 깜짝 놀랄 거야. 무슨 말로 설명해도 그보다 낫단다. 곧 보자꾸나."

* * *

천국을 제대로 설명할 길은 없다. 우리 마음 깊은 곳에 생생히 살아 있는 갈증을 깨닫고 그 갈증이 천국에서 완전히 해갈되길 기대하는 것이 우리가 할 수 있는 최선이다. 시간이 흐르면, 실제로 예수와 얼굴과 얼굴을 마주하는 게 어떤 것인지 알게 되리라고 기대하고, '순전한 기쁨'이 인도하는 대로 **천국을 기다리자.**

감사의 말

작가들은 대부분 글쓰기가 외로운 작업이라는 데 동의한다. 나는 몇 년간 커피숍 조용한 구석 자리에 혼자 앉아 묘하게 반가운 고립감을 증폭시키는 배경 음악과 사람들의 수다를 들으면서 글을 썼다. 누구와도 말을 주고받지 않았고, 커피숍에 흐르는 음악이 내가 좋아하는 음악인지 아닌지도 신경 쓰지 않았다. 홀로 생각에 잠겨 머릿속 생각이 나를 어디로 데려가는지에만 신경 썼다. 그전 20년 동안은 덴버에 있던 집의 지하 서재나 샬럿에 있는 지금 우리 집 다락방에서 글을 썼다.

그러나 사람들은 내게 많은 것을 준다. 만약 마음을 뒤흔드는 대화와 영혼을 북돋는 지지를 모두 없애 버린다면, 나는 아마 글을 아예 쓰지 않거나 이전에 쓴 책보다 훨씬 못한 책을 쓰게 될 것이다.

큰아들 켑이 구상하고 가장 유능한 동료 크리스, 칼린과 함께 슬기롭게 이끌어 가는 '웅대한 이야기Larger Story' 팀은 그동안 쭉 나와 함께해 왔고 나를 위해 애써 왔다. 이 책은 라저스토리프레스Larger Story Press에서 앞으로 출간할 몇 권의 책 중 첫 번째 책이다. 그들이 없었다면, 이 책은 이보다 훨씬 더 못한 책이 되었을 것이고, 어쩌면 세상에 나오지도 못했을 것이다.

무엇보다 이 책을 출간하는 데 필요한 자금을 후원하기 위해 기부해 준 모든 사람에게 감사의 말을 전하고 싶다. 이 책을 출간할 수 있게 도와주셔서 정말 감사하다.

마음이 통하는 친구들, 트립 무어, 짐 칼람, 미미 딕슨, 스티브 쇼레스와 아침을 먹거나 통화하며 나눈 대화 덕분에 나이든 뇌를 비교적 젊게 유지할 수 있었다. 기독교와 관련된 글을 쓸 때면 이 친구들이 한 이야기를 생각하면서 논점을 더 분명히 할 수 있었다.

그리고 더블에스디어스SSDers, 누군지 본인들은 알 것이다. 그대들이 지난 20년 동안 내 영적 삶에 어떤 의미가 있었는지 짐작도 못 할 것이다.

소규모 그룹에 과하게 집착하면 문제가 생길 수 있다. 하지만 그런 위험만 피하면 말로 다 표현할 수 없을 만큼 귀중하다. 톰과 제니 부부, 밥과 클라우디아 부부, 그리고 우리 부부는 20년 동안 함께했다. 우리는 영적 여정에서 짊어지는 진짜 짐을 솔직하게 나누었고, 덕분에 나는 내가 사람들과 관계를 맺을 때도 글을 쓸 때도 하나님의 영이 내 안에서 여전히 일하고 계신다는 사실을 깨닫고 감사할 수 있었다.

가족은 아무리 높이 평가해도 지나치지 않다. 켑과 키미, 켄과 레슬리, 할아버지와 할머니를 사랑해 주는 다섯 손주, 그리고 수십 년 전 형이 죽고 미망인이 되고도 항상 관심과 지지를 아끼지 않는 형수 피비가 늘 내 곁에서 사랑을 주고받을 소중한 기회를 제공해 왔다.

54년 가까이 아내 레이철과 나의 연합은 늘 더 깊어졌다. 레이철을 바르게 사랑하고 하나님을 잘 섬기고 싶은 갈망을 지탱해 주신 하나님께 무한한 감사를 드린다.

'고독'과 '공동체'는 잘 사는 데 필요한 기반이다.

추신. 계속 생각하고 글을 쓰도록 우정으로 나를 격려해 준 사람들의 이름을 대자면, 그것만으로 한 장章을 추가해야 할 정도로 긴 명단을 작성해야 할 것이다. 모두에게 감사한다!

주

들어가는 말

1. Lawrence J. Crabb, *Inside Out* (NavPress, 1988). 《영적 가면을 벗어라》(복있는사람, 2010).

1장 자아 중독과 조급증

1. Séneca Lucio Anneo, James S. Romm, *How to Die: An Ancient Guide to the End of Life* (Princeton University Press, 2018), p. 4. 《어떻게 죽음을 맞이할 것인가?》(아날로그, 2021).
2. Ibid., p. 104.
3. Ibid., p. 98.
4. Larry J. Crabb, *When Gods Ways Make No Sense* (Baker Books, 2018). 《하나님을 신뢰한다는 것》(IVP, 2020).
5. Douglas Kaine McKelvey, *Every Moment Holy* (Rabbit Room Press, 2017).

3장 세 부류의 그리스도인

1. C. S. Lewis, *Weight of Glory* (Zondervan, 2001). 《영광의 무게》(홍성사, 2019).

5장 모세가 거절한 것

1. John C. Ryle, *Holiness* (Perfect Library, 1877). 《거룩》(복있는사람, 2009).
2. *ESV: Study Bible*, English Standard Version (Crossway Bibles, 2007), Hebrews 11:24-26. 《ESV 스터디 바이블》(부흥과개혁사, 2014).

10장 복음 한가운데로

1. Pope Benedict XVI, Encyclical Letter Spe Salvi of the Supreme Pontiff Benedict XVI, to the Bishops, Priests and Deacons, Men and Women Religious, and All the Lay Faithful on Christian Hope, November 30, 2007. https://www.vatican.va/content/benedict-xvi/en/encyclicals/documents/hf_ben-xvi_enc_20071130_spe-salvi.html

13장 선택할 자유, 선택할 힘

1. *ESV: Study Bible*, English Standard Version (Crossway Bibles, 2007), 2 Timothy 3:14. 《ESV 스터디 바이블》(부흥과개혁사, 2014), 딤후 3:14.
2. Ibid., Philippians 2:13. 《ESV 스터디 바이블》, 빌 2:13.
3. Jonathan Edwards, *The Works of Jonathan Edwards Vol. 2: Religious Affections* (Yale University Press, 2009). 《신앙감정론》(부흥과개혁사, 2005).
4. Ibid., Romans 1:18-10. 《ESV 스터디 바이블》, 롬 1:18-10.

5. Ibid.
6. Ibid., Psalm 42:1.《ESV 스터디 바이블》, 시 42:1.

14장 좁은 길을 걷는 이들에게

1. *ESV: Study Bible*, English Standard Version (Crossway Bibles, 2007), John 16:32.《ESV 스터디 바이블》, 요 16:32.
2. John R. W. Stott, *The Cross of Christ* (IVP Books, 2006).《그리스도의 십자가》(IVP, 2007).

15장 나의 이야기, 그분의 이야기

1. *ESV: Study Bible*, English Standard Version (Crossway Bibles, 2007), Romans 3:11-12.《ESV 스터디 바이블》, 롬 3:11-12.
2. Ibid., Psalm 14:2.《ESV 스터디 바이블》, 시 14:2.

천국을 향한 기다림
: 잊혀진 그리스도인의 소망

래리 크랩 지음 | 이은진 옮김

2022년 7월 29일 초판 1쇄 발행

펴낸이 김도완
등록번호 제2021-000048호
　　　　 (2017년 2월 1일)
전화 02-929-1732
전자우편 viator@homoviator.co.kr

펴낸곳 비아토르
주소 서울시 종로구 삼일대로 428, 500-26호
　　　 (우편번호 03140)
팩스 02-928-4229

편집 이은진
제작 제이오
제본 다온바인텍

디자인 임현주
인쇄 (주)민언프린텍

ISBN 979-11-91851-36-6　03230　　**저작권자** ⓒ 래리 크랩, 2022